DESCUBRE
Usa Tus Dones y Ayuda a Otros a Encontrar los Suyos

Por Joel Comiskey

Publicado por CCS Publishing

CCS Publishing

www.joelcomiskeygroup.com

Publicado por CCS Publishing
Moreno Valley, CA 92557 USA
1-888-511-9995

Este libro, *Discover: Use Your Gifts and Help Others Find Theirs*, estaba publicado originalmente por CCS Publishing en 2008.

Diseño por Josh Talbot
Editado por Scott Boren

ISBN: 978-1-935789-67-3

CCS Publishing es una parte del ministerio de Joel Comiskey Group, un ministerio dedicado a ofrecer recursos y asesoramiento a líderes e iglesias del movimiento celular mundial.
www.joelcomiskeygroup.com
1-888-511-9995

Tabla De Contenidos

Introducción

¿Cuántas veces hemos deseado ser como alguien más? "Cómo me gustaría ser un gran conversador como Tomás. Él siempre tiene algo interesante qué decir, pero cuando estoy en medio de un grupo de personas, mi cerebro se bloquea, y apenas puedo recordar qué decir". O "Cómo me gustaría poder enseñar como Doris. Ella articula su mensaje de manera tan perfecta. En comparación, mi enseñanza es simplista e incluso superficial". Puede ser que incluso hayas orado en algún momento, "Señor, hazme como..."

Muchos de nosotros tropezamos por la vida con un complejo de inferioridad: No creemos que somos especiales o inteligentes. No creemos que tengamos mucho que ofrecer a Dios.

La buena noticia es que Dios te ha hecho único. Él te ha dado talentos y te ha dado un lugar específico en su cuerpo, la iglesia. Romanos 12:6 dice que "tenemos diferentes dones, según la gracia que nos es dada...". [1]

Espero mostrarte con sencillez, en las páginas que siguen, qué son los dones y cómo descubrir tu propio don único. Mi objetivo es que puedas descubrir y empezar a usar tu (s) don (es) antes de haber terminado de leer este libro.

Te animo a participar en un grupo pequeño patrocinado por una iglesia. El ambiente de confraternidad y confianza en un grupo celular hace posible el libre flujo de los dones espirituales. Cuando se establece la confianza, las personas están más dispuestas a arriesgar y probar nuevos dones potenciales. Un grupo celular puede proporcionar una retroalimentación honesta acerca de los esfuerzos de la persona, y de las áreas que debe mejorar.

---

1 A menos que se indique lo contrario, toda la Escritura se ha tomado de LA SANTA BIBLIA, NUEVA VERSIóN INTERNACIONAL.

Recursos Adicionales

El libro *Descubre* forma parte de una serie de capacitaciones avanzadas de dos libros, que prepara a la persona para convertirse en un seguidor maduro de Jesucristo. El otro libro de esta serie es *Prepara*, este es un recurso para ayudar a preparar a líderes en desarrollo.

La Serie de Capacitación Básica se compone de cinco libros, que están disponibles en www.joelcomiskeygroup.com o llamando gratis al 1-888-511-9995.

Puedes utilizar este libro de forma individual, en grupos pequeños, o en un salón de clases.

Un libro más profundo sobre los dones del Espíritu llamado *El Grupo Pequeño lleno del Espíritu Santo* está disponible. En ese libro entro en más detalle sobre el uso de los dones espirituales en el contexto del ministerio de grupos pequeños. Este libro, en cambio, es el manual de entrenamiento que te ayudará a aplicar lo que está escrito en el libro *El Grupo Pequeño lleno del Espíritu Santo*. Ambos libros están disponibles en www.joelcomiskeygroup.com o llamando al 1-888-511-9995.

Tú Y El Espíritu Santo

Un fuerte viento está soplando mientras escribo en mi balcón aquí en Moreno Valley, California. Los árboles se mecen y mi sombrilla está balanceándose hacia atrás y adelante. El viento aquí en Moreno Valley es feroz y puede derribar árboles, mesas de patio. Incluso lo he visto mover unos seis pies mi pesado poste de baloncesto. He aprendido por experiencia que cuando realmente empieza a soplar, lo mejor es estar dentro.

En realidad nunca he visto el viento. Sólo soy testigo de sus poderosos efectos. Como al viento, ningún ser humano jamás ha visto al Espíritu Santo. Jesús, por su parte, vino en forma corporal y vivió entre los hombres. Sus discípulos y otros vivieron con él por cerca de tres años. Cuando Jesús murió y resucitó, dejó al invisible Espíritu Santo para continuar la obra que él había iniciado.

Al describir al Espíritu Santo, Jesús realmente utilizó al viento como un ejemplo del poder invisible del Espíritu Santo, "El viento sopla por donde quiere, y lo oyes silbar, aunque ignoras de dónde viene y a dónde va. Lo mismo pasa con todo el que nace del Espíritu". (Juan 3:8, NVI).

A pesar de que nadie ha visto nunca al Espíritu Santo, la Biblia nos habla mucho acerca de su personalidad— la cual podemos llegar a conocer y entender.

El Espíritu Santo Es Una Persona

Una encuesta llevada a cabo con residentes de Estados Unidos mostró que el 61% estuvo de acuerdo con la afirmación de que el Espíritu Santo es "un símbolo de la presencia o el poder de Dios, pero *no es una entidad viva*".

¿Por qué muchos creen que el Espíritu Santo es algo simbólico y no un ser vivo? Estoy seguro de que al menos una de las razones es la proliferación de películas y libros que retratan fuerzas impersonales que compiten entre sí por las almas de los hombres y las mujeres. La película *Star Wars* (Guerra de las Galaxias) es sólo un ejemplo. Al igual que los personajes de las películas de *Star Wars*, muchos simplemente consideran al Espíritu Santo como una "buena fuerza". Así como la presencia personal de Dios, el Espíritu no es simplemente alguna *fuerza* o *influencia*. El Dios vivo es un Dios de poder; y por el Espíritu, el poder del Dios viviente está presente con nosotros y por nosotros.

La gente también se identifica más fácilmente con el concepto de Dios el Padre y de Jesucristo el Hijo, porque la imagen de padre e hijo es más evidente para nosotros. El Espíritu Santo es algo más difícil de entender. La gente, de hecho, tiende a llamar al Espíritu "el" (cosa) en lugar de "Él" (persona). ¿Por qué? Porque a la gente le resulta difícil imaginar que el Espíritu Santo es una "persona".

¡Inténtalo!

¿Cuál ha sido tu comprensión de la personalidad del Espíritu Santo hasta este punto?

_____

_____

La Biblia describe al Espíritu Santo como una persona que conoce, siente y tiene voluntad. Al igual que cualquier persona, el Espíritu Santo escudriña y guía.[2] En Efesios 4:30, Pablo escribió: "No agravien al Espíritu Santo de Dios, con el cual fueron sellados para el día de la redención". Sólo podemos causar agravio o hacer entristecer a una persona. La Escritura habla de la mente del Espíritu Santo, su amor y su instrucción.[2]

---

2 Al Espíritu Santo se le llama Dios (1 Corintios 2:11; 2 Corintios 3:17; Hechos 5:3–4); él posee atributos divinos, tales como la omnisciencia (1 Corintios 2:10–11), omnipresencia (Salmos 139:7) y omnipotencia (Zacarías 4:6); él es la tercera persona de la Trinidad (Mateo 28:19). Más sobre este tema, ver René Pache, The Person and Work of the Holy Spirit (La Persona y el Obrar del Espíritu Santo) (Chicago, Ill.: Editorial Moody, 1954), pp. 14–19.

¡Inténtalo!

Lee Efesios 4:30.
¿Qué rasgo de la personalidad del Espíritu Santo ves en este versículo?

_____

Confiésate con Dios y pídele su perdón por cualquier área de tu vida con la que estás entristeciendo al Espíritu Santo.

_____

_____

Además de su condición de persona, el Espíritu Santo es Dios. Él es uno en esencia con el Padre y el Hijo, pero también es una persona diferente. Llamamos al Espíritu Santo la "tercera persona de la Trinidad". Muchas Escrituras apuntan a este hecho. Todos los atributos de Dios también son descriptivos del Espíritu Santo. Cuando hablamos del Espíritu Santo, Dios el Padre y Jesús el Hijo, no estamos hablando de tres dioses. Estamos hablando de un Dios en tres personas con funciones únicas.

¡Inténtalo!

Lee Mateo 28:19.
¿Cómo instruyó Jesús a sus discípulos a bautizar a los convertidos?

_____

Escribe con tus propias palabras qué entiendes por Trinidad.

_____

_____

_____

_____

¿Qué es la Llenura del Espíritu?

Después de que Jesús murió en la cruz, los discípulos estaban confundidos. No sabían qué hacer; se sentían abandonados y desamparados. Se juntaron temiendo por su propia seguridad. Cuando Jesús se les apareció después de su resurrección, él alejó sus miedos y dudas. La libertad reinó.

Pero en lugar de decirle a sus discípulos que fueran de inmediato a todas partes y proclamar el evangelio, Jesús les dijo: "No se alejen de Jerusalén, sino esperen la promesa del Padre, de la cual les he hablado: Juan bautizó con agua, pero dentro de pocos días ustedes serán bautizados con el Espíritu Santo" (Hechos 1:4-5). El resto del libro de los Hechos registra la obra poderosa del Espíritu Santo a través de los primeros seguidores de Jesús. Las obras del Espíritu Santo continúan hoy en día. Él no ha cambiado. El Espíritu Santo desea trabajar con poder en tu vida, tal como lo hizo con los primeros discípulos.

La Escritura dice que tenemos que estar llenos del Espíritu Santo. Efesios 5:18 dice: "No se emborrachen con vino, que lleva al desenfreno. Al contrario, sean llenos del Espíritu". En el griego original, la frase *sean llenos* es en realidad un verbo en tiempo presente continuo. Para indicar "ser lleno en una sola vez". Pablo habría utilizado el tiempo pasado o un verbo en tiempo futuro; en cambio, optó por el tiempo presente para denotar que la llenura del Espíritu Santo no es un evento de una sola vez, sino una experiencia continua. La Escritura dice que debemos ser llenos continuamente con el Espíritu, y no sólo una o dos veces.

La palabra *llenura* puede parecer poco práctica cuando se refiere a una forma en que el Espíritu Santo obra en nosotros. El Espíritu de Dios no es un líquido, como el agua. Debido a que el Espíritu Santo es una persona, tiene sentido hablar de la dirección o guía del Espíritu Santo en nuestras vidas.

La guía que el Santo Espíritu da en nuestras vidas es una buena manera de ver la dirección del Espíritu Santo. Una persona que está llena del Espíritu es guiada por el Espíritu—dirigida de una manera gentil y amorosa. Las personas guiadas por el Espíritu le permiten al Espíritu Santo dirigir y orientar sus decisiones, planes y actividades. Debido a que el mundo, la carne y el diablo se oponen a la forma de vida guiada por el Espíritu, tenemos que ser llenos y renovados continuamente.

Recuerdo la noche en 1974, cuando el Espíritu me llenó por primera vez. Fui transformado y empoderado. Recibí una nueva perspectiva y audacia. Sin embargo, esa primera llenura no fue suficiente. Necesité más llenura después de eso. El libro de Hechos en el capítulo 2 habla de la venida del Espíritu Santo en el día de Pentecostés y de la primera llenura del Espíritu Santo en los 120 discípulos. Pero sólo dos capítulos después, los creyentes ya necesitaban de otra llenura (Hechos 4:31). La llenura inicial en Hechos capítulo 2 no fue suficiente para empoderar a los discípulos durante toda su vida en la tierra. Nosotros también necesitamos estar siendo continuamente llenos con el Espíritu Santo. Y a medida que nos llene, entonces caminaremos en el Espíritu y honraremos a Dios por la forma en que vivimos. Al mismo tiempo, llenos de poder por la misma presencia de Dios que vive en nosotros, seremos una bendición para los que nos rodean.

¡Inténtalo!

Lee Hechos 2:1-13 y 4:31.
¿Cuántas veces fueron llenos con el Espíritu los discípulos en estos pasajes? (y después, ¿cuántas veces más?)

_____

_____

En tu opinión, ¿por qué una persona necesita ser llena del Espíritu más de una vez?

_____

_____

_____

Cuando fui lleno por primera vez con el Espíritu Santo, me di cuenta que tenía una nueva audacia para testificar a otros. El poder para testificar a otros era la principal evidencia de que estaba lleno del Espíritu Santo. Otros sienten una cálida sensación del amor de Dios. Algunos no sienten nada. Otros podrían hablar un lenguaje desconocido (Hechos 2). No creo que se requiera ninguna experiencia como evidencia de haber sido llenos del Espíritu Santo. En otras palabras, tú no tienes que hablar en lenguas, temblar o llorar con el fin de demostrar que has sido lleno del Espíritu Santo. Sin embargo, es posible que experimentes todas estas cosas.

¡Inténtalo!

Lee Efesios 5:18.
¿Cómo describe el apóstol Pablo la llenura del Espíritu en este versículo?

_____

_____

¿Cuántas veces has sido lleno del Espíritu Santo? Si tu respuesta es "ninguna vez", lee la siguiente sección y luego ora pidiendo al Espíritu Santo que te llene.

_____

_____

Cómo ser Lleno del Espíritu

No conozco ninguna fórmula mágica para ser lleno del Espíritu Santo. Si sé que la Escritura dice en Lucas 11:13, "Pues si ustedes, aun siendo malos, saben dar cosas buenas a sus hijos, ¡cuánto más el Padre celestial dará el Espíritu Santo a quienes se lo pidan!".

Solamente pídele a Dios. Él quiere llenarte. Él quiere obrar poderosamente en tu vida, y Él es capaz de hacerlo.

Algunas personas hacen largas listas de lo que hay que hacer y de lo que no hay que hacer, que deben ser cumplidas antes de que Dios dé su Espíritu Santo. Si bien algunas de esas sugerencias son encomiables (por ejemplo, la confesión de los pecados y el compromiso de obediencia—ver Hechos 5:32), estas largas listas a menudo suelen dar la falsa impresión de un Dios reticente que está jugando a las escondidas con su pueblo.

La escritura aquí es simple y llana. Si le pides al Espíritu Santo que te llene, Él lo hará. Si no pides no recibirás. Es tan simple como eso.

¡Sólo Hazlo Ya!
Pídele al Espíritu Santo que te llene ahora mismo.

Asegúrate de confesar a Dios cualquier pecado del que tengas memoria, que pueda impedirte experimentar la llenura del Espíritu Santo. Si vienes a Dios de una manera humilde, confesando tus pecados y pidiéndole que te llene del Espíritu Santo, ten por seguro que lo hará.

Él es un Dios misericordioso y amoroso. Él quiere dar grandes dones a sus hijos. ¡Y él anhela llenarte ahora mismo!

¡Recuérdalo!

1. ¿Cuáles fueron las verdades de esta lección que más te impactaron?

2. Puntos principales:
   - El Espíritu Santo es una persona que puede pensar, actuar, y sentir.
   - La Trinidad significa que hay un Dios que existe en tres personas: El Padre, El Hijo, y El Espíritu Santo.
   - La llenura del Espíritu no es un evento que sucede sólo una vez. Los creyentes deben ser llenos continuamente.

¡Ponlo en práctica!

1. Trata al Espíritu Santo como a una persona—siente su presencia, habla con Él, escúchalo, y adóralo.

2. Pídele al Espíritu Santo que te llene diariamente.

3. Vive cada día en humilde dependencia del Espíritu Santo.

El Espíritu Santo Y Los Dones En El Cuerpo De Cristo

En 1995, yo era el invitado especial en una iglesia ubicada en Big Bear (Gran Oso), California. Acababa de predicar y estaba parado en el área de recepción escuchando al pastor finalizar el servicio. Sentí una corriente fría que venía de la ventana atrás de mí. Esta ventana en particular, era de esas viejas ventanas que se suben y bajan, que tienen encima un seguro y un borde de metal delgado que rodea el vidrio. Usé mi mano izquierda para quitar el seguro y de golpe la ventana cayó como una guillotina. Cayó con tanta rapidez que no tuve tiempo de quitar mi dedo índice derecho. El filo de metal rebanó la punta de mi dedo y podía ver literalmente la punta del dedo colgando del hueso.

Me estremecí de dolor y corrí por ayuda. Gracias a Dios, muy cerca había un Centro de Emergencias donde me cocieron el dedo en su puesto. Qué día fue ese.

En los próximos meses, pude darme cuenta nuevamente cuánto necesitaba mi dedo derecho para realizar aún las tareas más pequeñas en la casa. Mis otras partes del cuerpo tuvieron que trabajar el doble para realizar aún ínfimas tareas. El dolor me recordaba que cada parte de mi cuerpo es importante.

Nos Necesitamos el Uno al Otro

La Biblia nos dice que somos parte del cuerpo de Cristo. Todos dependemos el uno del otro bajo Cristo. Pablo el Apóstol dice: "Así Dios ha dispuesto los miembros de nuestro cuerpo, dando mayor honra a los que menos tenían, a fin de que no haya división en el cuerpo, sino que sus miembros se preocupen por igual unos por otros. Si uno de los miembros sufre, los demás comparten su sufrimiento; y si uno de ellos recibe honor, los demás se alegran con él". (1 Corintios 12: 24–26).

¿Cómo sabes qué parte del cuerpo eres tú? Lo puedes saber a través del don que Dios te ha dado (1 Corintios 12). Todos los dones son necesarios para que el cuerpo funcione apropiadamente. Y ninguno de los miembros es inferior a los otros. ¿Por qué? Porque la manera en que funciona el cuerpo es que a aquellos que en principio parecen inferiores les es dado mayor honra, a fin de eliminar la posibilidad de discordia entre ellos. Efesios 4 lo dice de esta manera: "Más bien, al vivir la verdad con amor, creceremos hasta ser en todo como aquel que es la cabeza, es decir, Cristo. Por su acción todo el cuerpo crece y se edifica en amor, sostenido y ajustado por todos los ligamentos, según la actividad propia de cada miembro". (Efesios 4:15–16).

Nos necesitamos los unos a los otros. Tu contribución es tan importante como lo es el dedo para la mano, o la pierna para el pie. El cuerpo funciona normalmente cuando cada uno de nosotros utilizamos nuestro don. También es cierto que no funciona bien cuando sucede lo contrario. Si una parte del cuerpo no está funcionando, el resto del cuerpo se percata de ello. Reunirnos tanto en la célula (grupo pequeño) como en la celebración (grupo grande) es necesario para poder utilizar los dones y ministrarnos los unos a los otros. Hebreos 10:25 dice: "No dejemos de congregarnos, como acostumbran hacerlo algunos, sino animémonos unos a otros, y con mayor razón ahora que vemos que aquel día se acerca".

Comprenderás cuál es el papel que juegas dentro del cuerpo de Cristo al descubrir tu don espiritual.

¡Inténtalo!

Lee 1 Corintios 12: 3–26.

¿Cómo hace Pablo para conectar la relación que tienen las partes del cuerpo con los dones del Espíritu?

_____

¿Te sientes íntimamente conectado a creyentes en tu iglesia y grupo celular? ¿Por qué? o ¿Por qué no?

_____

_____

Carismático

Hablaba con un amigo acerca de Santiago, un líder de jóvenes quien siempre hablaba en los campus universitarios. "Santiago es tan carismático" dijo mi amigo. "Y a lo que me refiero con eso es a que él tiene una personalidad muy carismática". Luego mi amigo añadió lo siguiente: "Santiago también es carismático porque cree en todos los dones del Espíritu". He tenido conversaciones similares en las que la palabra *carismático* ha tenido que ser aclarada.

La palabra *Carisma* en Español se refiere a una personalidad magnética—a la habilidad de inspirar entusiasmo, interés o afecto hacia otros a través del encanto o influencia personal. Aunque el significado original de la palabra *carismático* proviene del griego, esta significa literalmente don, y esta palabra es *carismata*. De manera interesante, la palabra griega para gracia es caris.

Los dones de Dios para su iglesia son su gracia. Algunos escritores se han referido a los dones de Dios como *gracias*. Las *gracias* de Dios energizan y forjan a la iglesia.

Cada creyente tiene al menos un don. El Apóstol Pedro dice en 1 Pedro 4: 7, 10-11: "Ya se acerca el fin de todas las cosas. Así que, para orar bien, manténganse sobrios y con la mente despejada. Cada uno ponga al servicio de los demás el don que haya recibido, administrando fielmente la gracia de Dios en sus diversas formas. El que habla, hágalo como quien expresa las palabras mismas de Dios; el que presta algún servicio, hágalo como quien tiene el poder de Dios. Así Dios será en todo alabado por medio de Jesucristo, a quien sea la gloria y el poder por los siglos de los siglos. Amén".

Podrás notar que Pedro aquí se refiere a dones para hablar y para servir, dos categorías amplias que describen los dones del Espíritu. Pedro está diciendo que cualquiera sea el don que tengas, debes usarlo pues ¡Jesucristo viene pronto!

¡Inténtalo!

Lee 1 Corintios 12:4.

La palabra Griega *Carismata* en este verso se utiliza para la palabra "don" en el español.

Comparte con tus propias palabras lo que entiendes por la relación que hay entre los dones de Dios (carismata) y la gracia de Dios (Caris).

_____

_____

_____

Cada parte tiene una Función

Mi sobrino Grayson, forma parte de una banda Cristiana de Rock llamada *Ives*. Grayson hace poco se fue de gira por dos meses con *Ives*. Nosotros nos sorprendimos al ver todo el trabajo diario que se lleva a cabo detrás del telón. Cada miembro de la banda tiene responsabilidades específicas que debe realizar, como encargarse del itinerario de viajes, conducir la camioneta, conectar el equipo, desconectarlo, encargarse del sitio web, de la correspondencia, y de las finanzas. Las tareas individuales de cada miembro de la banda hacen que *Ives* pueda tocar con efectividad en el escenario. Dado que tocaron casi todas las noches, cada miembro de la banda tuvo que mantenerse enfocado para el beneficio colectivo de la banda. Cada miembro tiene que hacer su parte.

Dios hace que su cuerpo sea saludable dotando de dones a personas como tú y yo, y dándonos una tarea especial qué hacer. Pablo nos dice en 1 Corintios 14:5 "Yo quisiera que todos ustedes hablaran en lenguas, pero mucho más que profetizaran. El que profetiza aventaja al que habla en lenguas, a menos que éste también interprete, para que la iglesia reciba edificación". La palabra *edificación* significa literalmente construir o establecer. Pablo después en unos versículos en 1 Corintios 14:12 dice "Por eso ustedes, ya que tanto ambicionan dones espirituales, procuren que éstos abunden para la edificación de la iglesia". Dios da dones espirituales a su iglesia, a fin de que el cuerpo pueda edificarse a sí mismo, resistir los ataques del enemigo, y finalmente perseverar en victoria.

¡Inténtalo!

Lee Romanos 12:3–6.
¿Qué dice que Dios le ha dado a cada miembro del cuerpo de Cristo?

_____

_____

¿Acaso dice este pasaje que Dios le ha dado a cada persona un don en particular? ¿Por qué? ¿Por qué no?

_____

_____

_____

_____

_____

Mi esposa tiene dones de misericordia y dones para dar ánimo y aliento a otros. Dios le ha dado tantos dones. A ella le gusta pasar mucho tiempo con las personas que están heridas y dolidas, las escucha y se identifica con ellas, pero también les ofrece un consejo sabio (don de animar/aconsejar). Muchas vidas han sido transformadas por Dios a través de su ministerio. Ella también tiene el don de misericordia, así que siente el dolor que sienten las demás personas. Dios no me ha dado esos dones a mí. Mis dones son de liderazgo y de conocimiento. Me gusta trazar el camino y ser quien estudia el mapa. Cuando estoy haciendo lo que Dios me ha llamado a hacer, otros son alentados y edificados.

Al ir estudiando este libro, serás desafiado a determinar cuáles son tus dones espirituales. Dios te usará para que edifiques a otros en su iglesia a través del buen uso de los dones que Él te ha dado.

¡Inténtalo!

Lee 1 Corintios 13.
Puedes notar que este capítulo ha sido colocado justo en medio de los capítulos 12 y 14.

_____

_____

¿Por qué es tan importante el amor en la operación de los dones del Espíritu?

_____

_____

_____

La Iglesia Orgánica

Sólo porque un edificio tiene un letrero que dice: "iglesia" no significa que sea parte del cuerpo orgánico y viviente de Cristo. Algunas iglesias están sin vida. El poder pulsante y vivo de Jesús no fluye a través de ellas

Otras iglesias están vivas. Es fácil ver en ellas la visión y que cada miembro muestra su amor el uno por el otro. Todos se encuentran involucrados y sienten que son importantes. Hay una vida vibrante fluyendo al entrar por las puertas. Pienso en una iglesia como las descritas, que nunca cesa de admirarme por su parecido con Cristo, lo cual se puede ver al entrar por sus puertas. Cada vez que hablo o confraternizo en esta iglesia, puedo sentir que los miembros han sido puestos sobrenaturalmente allí y que realmente disfrutan lo que hacen. La presencia de Dios llena los servicios, y yo me marcho con nuevos ánimos.

La Escritura hace referencia a la iglesia como el cuerpo de Cristo, la familia de Dios, pueblo de Dios, o templo del Espíritu Santo. Una de las diferencias clave entre una iglesia orgánicamente viva y otra que no tiene vida es el uso de los dones del Espíritu entre los miembros.

Cuando Cristo está dirigiendo su iglesia, los dones del Espíritu fluyen a través de cada miembro, y el cuerpo funciona orgánicamente. Los dones del Espíritu unen las muchas partes del cuerpo para formar un solo todo.

¡Inténtalo!

Piensa en alguna experiencia que tuviste al estar en una iglesia que se sentía viva. ¿Cómo te sentiste?

_____

_____

¿Cómo notaste que estaban en acción diversos dones del Espíritu?

_____

_____

_____

_____

Encontrando tu Rol

Tú no te conviertes en padre leyendo un libro y yendo a seminarios. Un hombre se convierte en padre cuando le nacen hijos. Cuando nació Sara, el 16 de septiembre de 1991, de repente fui lanzado en el mundo de la paternidad. Fue de ayuda estudiar sobre el tema antes del 16 de septiembre de 1991, pero después de esa fecha me metí de lleno en el asunto. Después de esa fecha todo el material que había leído tenía una aplicación muy clara y práctica. Yo estaba ansioso por aprender pues tenía a un niño de verdad que debía cuidar.

Muchas personas van a la iglesia, aprenden sobre el cristianismo, o incluso participan en un programa de la iglesia. Sin embargo, esto no llega a tener mayor sentido pues no existe una aplicación práctica y personal. Cuando empiezas a utilizar tus dones que han sido dados por Dios, un nuevo mundo se abre para ti. Notarás que verdaderamente les estás ayudando a otros. Se presentará de manera natural, y sentirás que te llena.

También sentirás una nueva responsabilidad por usar tus dones. El apóstol Pedro dice: "Cada uno ponga al servicio de los demás el don que haya recibido, administrando fielmente la gracia de Dios en sus diversas formas". 1 Pedro 4:10

Cuando me siento cansado y fatigado en la vida Cristiana, a menudo recuerdo que Jesús viene pronto. Y cuando venga, anhelo escucharlo decirme, "Bien, buen siervo fiel".

¡Hazlo!
Pregúntale a tu pastor cómo puedes usar tus dones de manera más efectiva para que tu iglesia sea edificada.

¡Memorízalo!
"Todo esto lo hace un mismo y único Espíritu, quien reparte a cada uno según él lo determina" (1 Corintios 12:11).

¡Recuérdalo!
1. ¿Qué versículo bíblico te llamó más la atención en esta lección?
2. Puntos principales:
   - Cada miembro de la iglesia de Cristo tiene un don y juega un rol vital en la salud de la iglesia.
   - A cada creyente le es dado al menos un don.
   - 1 Corintios 12 y 14; Romanos 12:3–8; Efesios 4:7–13; y 1 Pedro 4:7–11 son los pasajes principales que hablan sobre dones.

¡Ponlo en práctica!
1. Lee nuevamente los pasajes sobre los dones, meditando acerca de cuáles dones has recibido.
2. Decídete a usar tu don, sabiendo que tú y el cuerpo de Cristo será fortalecido.
3. Anima a alguien que esté usando su don, diciéndole cuánto te has beneficiado con su ministerio.

Lo Que Los Dones No Son

Los empleos eran escasos y Juan ya estaba por darse por vencido para unirse a las filas de desempleados. De camino a casa pudo notar que había un zoológico y entró sin anunciarse. El administrador le dijo que no había empleos disponibles, por lo que Juan dio la vuelta y se dispuso a marcharse.

El administrador del zoológico lo detuvo y le preguntó si estaría dispuesto a usar un disfraz de gorila, y de esa manera ser el sustituto del gorila que acababa de morir. Juan estuvo de acuerdo y disfrutaba convencer a los visitantes de que él era un gorila. Él gruñía y se columpiaba entre los árboles sin el menor cuidado. El segundo día, el se columpió de una cuerda y accidentalmente cayó dentro de la fosa de los leones. El león se lamía mientras caminaba hacia Juan. Juan quedó congelado del miedo. Y estos eran sus pensamientos: "¿Grito y me pongo al descubierto, o no hago nada y pongo en peligro mi vida?" Él decidió gritar. El león replicó, "¡Cállate, o ambos perderemos nuestros trabajos!".

Las apariencias pueden ser engañosas. A menudo es difícil separar la realidad de la ficción. Muchos, por ejemplo, creen que los dones espirituales son lo mismo que los talentos naturales. Otros confunden los dones espirituales con las responsabilidades cristianas, la personalidad, o los frutos del Espíritu. Algunas veces es de ayuda descubrir qué es algo, determinando primero lo que no es.

Talentos Naturales

José creció en un hogar donde ser mecánico era la manera de ganarse la vida. José y su padre siempre estaban manipulando motores. José se siente muy seguro cuando se trata de arreglar carros, nosotros incluso diríamos que José tiene un "talento" para arreglar motores. La gente suele acercarse a José para pedirle su consejo y ayuda. Esto hace que José se sienta muy especial. José incluso por eso se convirtió en mecánico. La habilidad de José para arreglar carros es un talento natural. Sin embargo, José es agnóstico. Sus padres eran personas religiosas sólo de nombre, y José nunca tuvo tiempo ni interés por la religión. José no tiene el don de arreglar carros porque él no es creyente. En vez de eso, él tiene talento para la mecánica, el cual ha desarrollado con el paso del tiempo.

Todas las personas tienen talentos naturales, sin importar si son o no llenas del Espíritu Santo. Sin embargo, los dones del Espíritu son habilidades espirituales de las que Dios dota a los creyentes para edificar su cuerpo, la iglesia. Dios usa las habilidades que él ha otorgado para fortalecer y extender su iglesia a través del mundo.

Algunos han tratado de vincular los talentos naturales con los dones espirituales, pero es casi imposible hacer una conexión entre ambos. Gary Bugbee, un experto en dones espirituales, dice: "Después de haber guiado a más de treinta mil personas a través del proceso de descubrir su [don], no he podido identificar cuándo y para quién, un talento natural será equivalente a un don espiritual. De hecho, muchas veces no habrá correlación alguna entre los talentos naturales y los dones espirituales".[3] Si alguien que ha entrevistado a 30,000 personas acerca de los dones del Espíritu, no encuentra esta conexión, menos aún nosotros.

---

3 Gary Bugbee, *What You Do Best in the Body of Christ, (Lo que tú Mejor haces en el Cuerpo de Cristo)*(Grand Rapids, MI: Zondervan, 2005), p.53.

¡Inténtalo!

Lee el Evangelio de Mateo 25:14–30.
¿Cuál es el punto principal de Jesús en este pasaje?

_____

_____

¿Cómo te inspiran estos versos para utilizar tus dones espirituales aquí y ahora? (ver 1 Peter 4:7–11)

_____

_____

_____

Ahora, *puede* ser que tu don spiritual de enseñar coincida con tu trabajo secular de enseñar matemáticas en bachillerato. Por el contrario, tú podrías tener un don completamente diferente, como el de misericordia, el cual no necesariamente puede ser utilizado para enseñar matemáticas en la escuela de tu localidad. ¡Por supuesto que tu don espiritual de misericordia te dará paciencia sobrenatural con los estudiantes que no entienden fácilmente las ecuaciones de matemáticas!

- Dios determina quién obtiene cuáles dones, y su decisión es complemente suya—100% soberano. Él no le consulta a nadie sobre lo que escogerá. Él simplemente lo hace.

Fruto del Espíritu

¿Alguna vez estuviste cerca de una persona a la que no conocías, y sin embargo pudiste percibir inmediatamente que él o ella eran cristianos? A veces he percibido esto de manera tan fuerte que simplemente he preguntado: ¿Eres creyente de Jesús? Generalmente la respuesta ha sido sí.

¿Qué hace que un creyente sobresalga? La manifestación del fruto del Espíritu. Pablo dice en Gálatas 5:22–23: "En cambio, el fruto del Espíritu es amor, alegría, paz, paciencia, amabilidad, bondad, fidelidad, humildad y dominio propio. No hay ley que condene estas cosas".

Cuando el Espíritu mora en una persona, esa persona empezará manifestando las características descritas como el fruto del Espíritu. El Espíritu trabaja en transformar a los cristianos para que tengan la profundidad del carácter del que la Biblia habla. No aparece de manera rápida automática o repentina. Nosotros siempre nos encontramos "en construcción".

Unos versículos antes en Gálatas 5: 16–18 Pablo dice:

"Así que les digo: Vivan por el Espíritu, y no seguirán los deseos de la naturaleza pecaminosa. Porque ésta desea lo que es contrario al Espíritu, y el Espíritu desea lo que es contrario a ella. Los dos se oponen entre sí, de modo que ustedes no pueden hacer lo que quieren. Pero si los guía el Espíritu, no están bajo la ley".

¡Inténtalo!

Lee Colosenses 3:12–16 y Gálatas 5:22–23.
Compara el fruto del que se habla en ambos pasajes.

_____

_____

¿Cuál es el fruto que falta en tu vida?

_____

_____

_____

Al vivir en el Espíritu, pidiéndole al Espíritu Santo que nos llene diariamente, Él producirá el fruto del Espíritu en nuestras vidas. Mientras que todos los creyentes deberían manifestar el mismo fruto del Espíritu, los dones espirituales son cada uno diferentes y distribuidos de manera soberana. Dios determina cuál don le será dado a cada persona. El fruto del Espíritu, sin embargo, es distribuido de manera equitativa. Todos debemos manifestar el mismo fruto. El amor, gozo y paz del Espíritu debería manifestarse en la vida de cada creyente.

Los dones del Espíritu hablan acerca de cuál es la función que tendremos en el cuerpo de Cristo y nos ayudarán a saber cómo somos llamados a ministrar en la célula, en la iglesia local, e incluso en la iglesia de Jesucristo alrededor del mundo. El fruto del Espíritu es el lenguaje común que todos los creyentes comparten.

¡Hazlo!
Medita acerca de cada fruto del Espíritu. Determina cuál es el fruto que más te hace falta tener y pídele al Espíritu Santo que desarrolle abundantemente ese fruto en tu vida.

Responsabilidades Cristianas

Siempre que estoy en una campaña de Billy Graham, me sorprendo con la sencillez con la que habla. Debido a que la unción del Espíritu Santo reside en él, multitudes responden entregando sus vidas a Jesús cuando hace el llamado. Billy Graham tiene el don de evangelismo. Yo no tengo ese don. Sin embargo, la Biblia me indica en muchos lugares que debo compartir las Buenas Nuevas de Jesucristo con aquellos que no le conocen.

A mi amigo Jeff le encanta ayudar a las personas. Él busca las maneras en que puede servir a otros. Yo no tengo el don para ayudar a otros, como Jeff; pero aún así, he sido llamado a ayudar a otros.

Nunca debemos evitar las responsabilidades cristianas porque no tenemos tal o cual don. He conocido a algunos pastores que han dejado de hablar acerca de los dones del Espíritu porque las personas estaban usando los dones como una excusa para no obedecer enseñanzas claras de las Escrituras. Ellos decían: "Yo no tengo el don de misericordia, así que yo no alimentaré al hambriento". O "Yo no tengo el don de la enseñanza, así que no seré voluntario para enseñar a los niños en la iglesia, ni dirigiré un grupo celular".

¡Inténtalo!

Lee Romanos 12:9–12 (nota que estos versículos aparecen justo después de los dones del Espíritu en los versículos del 3-8). ¿Cuáles son las responsabilidades cristianas que Pablo menciona acá?

_____

_____

¿Cuál o cuáles necesitas practicar en tu propia vida?

_____

_____

Tal vez no tengas el don de dar, pero Dios quiere que des generosamente. Tal vez no tengas el don de liderazgo, pero Dios te lla ma a que seas una influencia para otros. Tal vez no tengas el don de sanidad, pero aún así Dios quiere que ores por las personas que están enfermas y que sufren.

Tipos de Personalidad

Algunas personas obtienen energías de hablar con personas, mientras que otros obtienen su energía de pasar tiempo a solas. Algunos toman decisiones basados en sus sentimientos mientras que otros se basan en los hechos. No existe un tipo de personalidad correcto o incorrecto. Dios nos hizo diferentes a todos.

Sé que hay una gran variedad de exámenes de personalidad en el mercado, pero me siento más familiarizado con el examen de personalidad llamado DISC en inglés, el cual divide las personalidades humanas en cuatro categorías:

D: Driver (Conductor) /decisivo, independiente, eficiente, práctico, determinado/

I: Inspiration (Inspiración) /estimulante, entusiasta, dramático, extrovertido, simpático/

S: Steady (Estable) /da apoyo, dispuesto, leal, confiable, agradable/

C: Conscientious (Consciente) /minucioso, persistente, ordenado, serio, trabajador/

Me gustan las categorías en DISC porque son simples, claras, y por lo general certeras. Mi esposa, por ejemplo, es primordialmente de una personalidad Steady (Estable) y yo tengo primordialmente una personalidad Driver (Conductor). Conocer nuestras personalidades nos ayuda a relacionarnos los unos a los otros más efectivamente.

¡Inténtalo!

¿Qué tipo de personalidad tienes?

_____

¿Cuáles son las fortalezas y las debilidades de tu tipo de personalidad?

_____

_____

Los dones espirituales son diferentes a los tipos de personalidad. Dios no da el don de enseñanza, por ejemplo, solo a los de tipo extrovertido e inspiracional (Ya me he sentado a escuchar a un buen número de maestros ungidos por Dios que son introvertidos). Pudiese ser que Él escoja darle el don de evangelismo a una persona tímida e introvertida. A Dios le gusta la variedad—sólo fíjate en el resto de su creación. Mantente abierto a cualquiera sea el don que Dios decida darte. No limites los tipos de dones a tu propio tipo de personalidad.

¡Inténtalo!

Lee Mateo 7:21–23.
¿Qué dicen estos versículos sobre los dones falsos?

_____

¿Cómo puedes evitar caer en el error que se vislumbra en los versículos 21–23?

_____

_____

¡Recuérdalo!

1. ¿Qué versículo bíblico resaltó para ti en esta lección?
2. Puntos principales:

   * Todas las personas tienen talentos naturales, pero sólo los cristianos nacidos de nuevo tienen dones espirituales.
   * Todos los creyentes deberían manifestar el mismo fruto del Espíritu mencionado en Gálatas 5:22–23. Dios, sin embargo, escoge los dones específicos que son entregados a cada creyente.
   * Todos los cristianos deben obedecer la enseñanza de la Escritura, sin importar que un determinado don haga que el obedecer la Escritura sea más fácil o traiga más fruto.
   * Cada persona tiene una personalidad distinta. Los dones del Espíritu no siempre coinciden con los tipos de personalidad.

¡Ponlo en práctica!

1. Define cuáles son los talentos que Dios te ha dado. ¿Cómo se diferencian de tus dones espirituales?
2. Pídele al Espíritu Santo que produzca en tu vida el fruto del Espíritu.
3. Determínate por seguir lo que la Biblia dice en su totalidad.

Los Dones De Servicio

Santiago, uno de los líderes a quien he supervisado a lo largo de los años, es un servidor increíble. Él siempre ha estado dispuesto a organizar los viajes, a hacer números, o a transportarme en su vehículo. Al principio creí que me estaba extralimitando con él y que eventualmente se cansaría y quizás hasta se resentiría. Pero al ser su mentor a lo largo de los años, me pude dar cuenta que su deseo por ayudar a otros sólo creció aún más fuerte.

Comencé a comprender que el verdadero deseo de Santiago era servir y ayudar a otros. Estaba siendo testigo de una persona con el don de ayudar y de servir, que no encontraba mayor gozo que servir a los demás. Entonces comprendí que si no le daba a Santiago la oportunidad de ministrar, él se sentiría marginado e inútil.

He observado en la iglesia de Cristo a muchas personas como Santiago. Creo que Dios ha bendecido abundantemente a su iglesia con dones de servicio. Estos dones proveen la asistencia necesaria para fortalecer a su pueblo, el cuerpo de Cristo.

¡Inténtalo!

Lee 1 Corintios 12:7–11, 28–31; Efesios 4: 7–11; y Romanos 12:3–8.
¿Cuántos dones son enumerados en estos versículos, y cómo se llaman?

_____

_____

¿Cómo puedes evitar caer en el error que se vislumbra en los versículos 21–23?

_____

_____

_____

En la Biblia no existe una categoría específica con el nombre de dones de servicio. Sin embargo, esta es una manera de organizar dones que son similares bajo uno mismo. Encontramos los dones de servicio en Romanos 12 y en 1 Corintios 12.

DONES DE SERVICIO	PALABRAS CLAVE	ANHELA	SIRVE
Ayudas (1 Cor. 12:28)	Asistiendo	Liberar a los demás para que utilicen sus dones	Ayudando
Servicio (Romanos 12:7)	Satisface las necesidades	Ayuda cómo sea y cuándo sea	Apoyando de manera práctica
Administración (1 Cor. 12:28)	Planificador	Organización	Proveyendo los detalles
Fe (1 Cor. 12:9)	Confianza que viene de Dios	Dar un paso de fe	Con una convicción inquebrantable
Misericordia (Romanos 12:8)	Consolador	Demostrar compasión	Con amabilidad
Dar (Romanos 12:8)	Dar liberalmente	Compartir recursos	Compartiendo

¡Auxilio!

El esposo y la esposa de una familia de seis, de nuestra iglesia, recientemente tomaron un crucero de tres días. Cuándo le pidieron a Celyce, mi esposa, que les cuidara a sus hijos, ella aceptó con gusto. Para Celyce, ayudar no es una carga, ese es su don. Ella lo disfruta. Una persona con el don para ayudar es capaz de servir a través del uso de sus talentos y es capaz de bendecir a otros dentro del cuerpo de Cristo.

El don de ayudar es la capacidad para brindar asistencia práctica que animará a otros creyentes. Aquellos que tienen el don de ayudar, aligeran la carga de otros creyentes (1 Corintios 12:28).

Epafrodito, quien es mencionado en Filipenses 2:25, es un ejemplo de alguien con el don de ayudar. Él buscó a Pablo con la intención de ministrar sus necesidades físicas, para que Pablo pudiera llevar a cabo su rol apostólico de manera más efectiva.

Las personas como Epafrodito son energizadas a través de la ayuda que brindan a los demás. Aquellos que no tienen el don de ayudar, a pesar de que no lo tengan, tienen que brindar actos de bondad aunque sientan que esto les es difícil y agotador. Más sin embargo, esto es energizante para alguien con los dones de ayudar.

Si tú estás dirigiendo un grupo celular, o eres parte de un equipo de liderazgo, trata de encontrar a personas que tengan el don para ayudar, para que éstas hagan llamadas, visiten a otras personas, traigan los refrigerios y en general para que aligeren tu carga.

¿Cómo es tu Servicio?

Repetidas veces dentro del ministerio del grupo pequeño, he escuchado hablar de líderes cargados que sienten que no tienen el tiempo suficiente para cumplir con todas las responsabilidades de liderazgo que implica el grupo pequeño. Al ir ahondando, a menudo descubro que estos líderes no han instado en el uso de sus dones a las personas de su grupo: se ha convertido en algo de una sola persona. En contraste, los mejores líderes de grupos pequeños frecuentemente delegan. Estos grandes líderes ven a sus grupos volver a la vida con personas que tienen dones y que quieren ser verdaderamente usadas.

El don de servicio es la capacidad de identificar las necesidades no satisfechas y hacer uso de recursos disponibles para satisfacer esas necesidades (Romanos 12:7).

Los dones de servicio y de ayuda son dones compañeros. Estos vienen a reunirse en una persona para crear una doble porción de deseo por satisfacer necesidades. Aquellos que tienen el don de servicio nunca se sienten cargados cuando ayudan a otros. Ellos anhelan servir a los demás. Christian Schwarz, investigador y autor, descubrió que el 81% de personas que tenían el don de servicio también tenían el don de ayudar, y que estos dones se encontraban muy a menudo juntos.

¡Inténtalo!

Lee Romanos 12:7 (Don de servicio) 1 Corintios 12:28 (Dones de Ayudar). Describe el don de ayudar y de servicio con tus propias palabras.

_____

¿Crees que tienes estos dos dones? ¿Por qué?

_____

_____

No Pases por Alto los Detalles

Jetro, el suegro de Moisés, notó que moisés estaba tomando demasiadas responsabilidades para sí. Pudo percatarse que Moisés se extenuaría si continuaba con tanta presión, por lo que dijo lo siguiente: "No está bien lo que estás haciendo —le respondió su suegro—, pues te cansas tú y se cansa la gente que te acompaña. La tarea es demasiado pesada para ti; no la puedes desempeñar tú solo". (Éxodo 18:17–18). Luego Jetro recomendó la formación de una estructura organizacional que consistiría en crear grupos de diez, de cientos y de miles de personas. Y sugirió que Moisés sólo atendiera aquellos casos que ningún otro podía atender.

Jetro tenía el don de la administración. *El don de la administración es la capacidad dada por Dios para planificar y organizar (1 Corintios 12:28).* En el mundo griego antiguo, la palabra para administración también era traducida como conducción. El capitán trazaba el curso y el timonel seguía las instrucciones. Una persona con el don de la administración es capaz y está lista para administrar la obra de Dios. Tiene la capacidad para servir de manera especial. Aquellos a quienes les gusta organizar actividades pudieran tener este don.

Aquellos que tienen el don de la administración no tienen que organizar eventos a gran escala. Pueden hacerlo a nivel de célula, lo cual estaría bien. De hecho, pienso que una persona debe empezar desde abajo para ir escalando gradualmente hacia una mayor responsabilidad.

¡Inténtalo!

Lee 1 Corintios 12:28 acerca del don de la administración. Nombra a alguien que pienses que tiene el don de la administración. ¿Por qué crees que él o ella tiene este don?

_____

¿Es este un don que El Señor te ha dado? ¿Por qué?

_____

_____

Moviendo Montañas

El libro de Dan Brown, *90 Minutes in Heaven* (90 Minutos en el cielo), cuenta la historia de Dan cuando murió y fue al cielo. Dan un pastor sureño, se encontró con un camión en un puente, el cual le demolió su carro y su cuerpo. Los paramédicos lo cubrieron con una manta blanca pues estaba muerto.

Mientras tanto, Dick Onerecker, quien en un tiempo había sido médico en Vietnam, vio el carro, y sin saber que se trataba de Dan, sintió una gran compulsión por ir y orar por la victima. La policía trató de convencer a Dick de cuán inútil era orar por un muerto, pero Dick insistió. Él logró gatear dentro del retorcido carro y puso su mano en la cabeza sin vida de aquel hombre y comenzó a orar y a cantar.

Dan, quien ya estaba disfrutando del increíble placer del cielo, de repente sintió que le pidieron que volviera a su cuerpo. El resto del libro resalta las increíbles luchas que tuvo que enfrentar Dan al tratar de sobrevivir en su quebrantado cuerpo. Después de algunas difíciles y dolorosas operaciones, ahora Dan es un testimonio viviente del poder y de la gracia de Dios.

En varias ocasiones les he dado este libro a incrédulos porque es un testimonio de la realidad del cielo. El libro también resalta el don de fe de Dick Onerecker. Dios ha dado una medida de fe a cada creyente, pero Dios ha bendecido a algunos con más fe que a otros.

El don de fe es la capacidad de reconocer lo que Dios quiere hacer en una situación imposible y luego confiar en Dios para cumplir con esa tarea (1 Corintios 12:9).

Alguien que tiene el don de fe es capaz de ver posibilidades del tamaño de Dios en medio de las luchas y tribulaciones. Tal persona es capaz de seguir adelante frente a obstáculos aún mayores sin desanimarse a pesar que circunstancias muy difíciles dictaminen lo contrario.

Jesús dijo en Marcos 11:23 "Les aseguro que si alguno le dice a este monte: Quítate de ahí y tírate al mar, creyendo, sin abrigar la menor duda de que lo que dice sucederá, lo obtendrá". Aquellos que tienen el don de fe tienen la capacidad para creer que para Dios no hay nada imposible.

¡Inténtalo!

Lee 1 Corintios 12:9.
Describe el don de fe con tus propias palabras

_____

_____

¿Tienes el don de fe? ¿Por qué?

_____

_____

_____

Ten Misericordia

Cuando vives con una persona por veinte años, llegas a conocerla muy bien. Al observar a mi esposa Celyce durante los últimos veinte años, he notado en ella claramente tres dones: ayudar, aconsejar y misericordia.

Hace poco, su padre Leo, fue internado en un hogar para ancianos debido a su enfermedad de Alzheimer. A pesar que mi esposa conduce tres horas para poder visitarlo, ella está allí cada semana. Celyce es atraída por los que están en necesidad (¡estoy seguro que seré bendecido en mis años de vejez!). Sin duda que fue su don de misericordia la razón subyacente por la que estudió la licenciatura en enfermería antes de marcharnos a Ecuador en 1990.

Aquellos con el don de misericordia sienten el dolor de los demás. Ellos empatizan con el afligido y fácilmente se ponen en el lugar del que sufre.

El don de misericordia es tener compasión sobrenatural por las personas desamparadas (Romanos 12:8).

Aquellos que tienen el don no sólo ofrecen palabras de ánimo, ellos brindan ayuda práctica a las personas que están atribuladas de su mente, cuerpo y espíritu. Las personas con el don de misericordia a menudo tendrán un ministerio que ayude al discapacitado, al anciano, y al discapacitado mental o drogadicto.

Los miembros del grupo celular que tienen este don a menudo harán sugerencias de alcanzar al pobre y ayudar al necesitado. Debido que Jesús mismo estaba tan preocupado por aliviar tales necesidades, él energiza a su iglesia para hacer lo mismo.

¡Inténtalo!

Lee lo que Romanos 12:8 dice acerca del don de misericordia. Menciona a una persona que tiene el don de misericordia. ¿Cómo actúa esta persona?

_____

_____

¿Crees que tienes este don? ¿Por qué?

_____

_____

_____

Da Generosamente

Roberto asiste a uno de nuestros grupos celulares. En varias ocasiones ha insistido en llevar a cenar a toda la célula (¡en algunas ocasiones gastó más de $90.00 en un restaurante de comida rápida!). A Roberto simplemente le gusta dar y dar y dar un poco más—ya sea dinero, comida o amor cristiano. En por lo menos dos ocasiones pagó el camión de mudanza a dos familias, sólo para que ésta fuera hecha de manera más rápida y eficiente (¡así mismo les pagó la comida a los ayudantes!). Roberto trabaja en el negocio de los seguros, y practica esa misma generosidad con sus clientes. Esta es una de las principales razones por las que tiene tanto éxito en su trabajo, lo cual trae como resultado tener un buen salario.

El don de dar es la capacidad de compartir dinero y otras posesiones, generosamente y con alegría (Romanos 12:8). Las personas con este don, por lo general, dan mucho más que el diezmo, a veces la mayor parte de sus ingresos. Los que tienen el don de dar comparten libremente sus dones con el cuerpo de Cristo e incluso con los que no forman parte del cuerpo de Cristo.

El don de dar es un don maravillo que Dios usa en su cuerpo para bendecir a su pueblo. Ya que el trabajo del ministerio no tiene como fin hacer dinero, aquellos que tienen el don de dar son usados por Dios para bendecir a su pueblo desde un punto de vista material y práctico.

¡Hazlo!
Reflexiona sobre los dones enunciados en esta lección y determina si Dios te ha dado alguno de estos dones.

¡Memorízalo!
"Cada uno ponga al servicio de los demás el don que haya recibido, administrando fielmente la gracia de Dios en sus diversas formas". (1 Pedro 4:10).

¡Recuérdalo!
1. ¿Cuál fue la verdad que resaltó para tí en esta lección?
2. Puntos principales:
   - Los dones de servicio incluyen los de: ayudar, servir, administrar, fe, misericordia, y dar.
   - El propósito de los dones de servicio es el de edificar al cuerpo de Cristo a través de los actos de servicio.
   - Los que han recibido uno de los dones de servicio encuentran gozo en ayudar a otros.

¡Ponlo en práctica!
1. Medita en cada uno de los pasajes de esta lección.
2. Determina cuál de estos dones de servicio te ha dado Dios.
3. Encuentra las maneras para utilizar ese don en la célula, en el servicio de adoración y en tu vida diaria.

Los Dones De Capacitación

Yo considero a David Coopersmith capacitador. Como mi amigo que es, sabía que necesitaba ayuda en mi casa situada en Moreno Valley. Cuándo nos mudamos por primera vez a nuestro hogar en el 2001, luché tratando de cambiar un grifo, la cadena de la cortadora de maleza, y la bisagra de una puerta. David amablemente los arreglo por mí, mientras me explicaba lo que hacía. La próxima vez que se presentaron los problemas, David me pidió que los arreglara mientras él me observaba. Él me guió para hacer un mejor trabajo, pero no lo hizo él. Con una nueva confianza en mí mismo estuve incluso dispuesto a tratar de arreglar otras cosas por mi cuenta, mi confianza por arreglar las cosas de la casa ahora es mucho mayor.

No pasó mucho tiempo cuando David ya estaba capacitando a mi hija Sara para tocar el piano, y a mi hija Nicole para tocar la guitarra. David les enseñaba lo que conocía sobre el piano y la guitarra, pero no se detuvo allí. Hizo que tocaran. No pasó mucho tiempo antes de que David invitara a mis hijas a tocar en el grupo de alabanza de nuestra iglesia. David encuentra gozo en capacitar a otros para el ministerio.

Dios ha levantado a talentosos hombres y mujeres para capacitar a otros para hacer la obra del ministerio. Efesios 4:11–13 dice: "Él mismo constituyó a unos, apóstoles; a otros, profetas; a otros, evangelistas; y a otros, pastores y maestros, a fin de capacitar al pueblo de Dios para la obra de servicio, para edificar el cuerpo de Cristo. De este modo, todos llegaremos a la unidad de la fe y del conocimiento del Hijo de Dios, a una humanidad perfecta que se conforme a la plena estatura de Cristo".

Aquellos a quienes Dios ha dotado para capacitar a su iglesia encuentran gozo al extender sus propios ministerios a través de otros. Ellos desean levantar a una multitud de obreros que continúen el proceso. ¿Cuál es la razón de esto? Pablo nos dice en Efesios 4: 13-14 que "todos llegaremos a la unidad de la fe y del conocimiento del Hijo de Dios, a una humanidad perfecta que se conforme a la plena estatura de Cristo. Así ya no seremos niños, zarandeados por las olas y llevados de aquí para allá por todo viento de enseñanza y por la astucia y los artificios de quienes emplean artimañas engañosas".

Los dones que he situado en la categoría de capacitación, los encontramos en Efesios 4, Romanos 12 y 1 Corintios 12

DONES DE CAPACITACIÓN	PALABRAS CLAVE	DESEA:	ES EJEMPLO DE:
Pastorear (Efesios 4:11)	Pastor	Cuidar de/ proteger	Sensibilidad hacia las personas
Liderazgo (Romanos 12:8)	Orquestador	Dar directrices	Visión/ Metas
Exhortación (Romanos 12:8)	Confortador	Motivar	Inspiración/ aplicación práctica
Evangelismo (Efesios 4:11)	Evangelista	Hacer nuevos cristianos	Sentir carga por los inconversos
Apostol (1 Cor. 12:8)	Edificador del Fundamento	Nuevas iglesias	Autoridad dada por Dios
Enseñanza (1 Cor. 12:28)	Desarrollador de Doctrina	Enseñar	Obediencia a la Biblia
Conocimiento (1 Cor. 12:8)	Investigador para el cuerpo de Cristo	Recopilar conocimiento y presentarlo	Compartir las verdades
Sabiduría (1 Cor. 12:8)	Comprensión	Aplicar el conocimiento	Revelación dada por Dios

Las Ovejas Necesitan Pastores

Soy el pastor principal de una iglesia en California, pero no tengo el don de pastorear. Sin embargo, sí tengo el don de liderazgo. Justino, mi pastor asociado, sí tiene el don de pastorear. A él le encanta cuidar de las ovejas y encargarse de que sean atendidas y discipuladas.

Pastorear significa cuidar y alimentar a un grupo de creyentes. Aquellos que tienen el don de pastorear protegen del error al grupo que se encuentra bajo su cuidado. (Efesios 4:11).

Pablo exhortó a los pastores en Éfeso diciendo: "Tengan cuidado de sí mismos y de todo el rebaño sobre el cual el Espíritu Santo los ha puesto como obispos para pastorear la iglesia de Dios, que él adquirió con su propia sangre". (Hechos 20-28)

El pastor oficial que está a tiempo completo en la iglesia pudiera no tener el don de pastorear. La persona que sí tiene este don podría trabajar en una compañía de computadoras. A menudo, el pastor de la iglesia local tendrá el don de liderazgo o de enseñar. Algunos pastores tienen el don de evangelismo y delegan las responsabilidades pastorales diarias a otros.

Alguien que tenga el don de pastorear pudiera ser un miembro voluntario de un grupo pequeño o pudiera estar dirigiendo uno. Aquellos que tienen este don se aseguran que el rebaño de Dios esté bien cuidado. Ellos se preocupan por la salud del rebaño. Aquellos que tienen el don de pastorear también se preocupan de proteger a las ovejas del Señor del ataque del enemigo. Ellos quieren asegurarse que las ovejas estén bien alimentadas, y que no se descarríen.

¡Inténtalo!

Lee Efesios 4:11.
Menciona a alguien que creas que tiene el don de pastorear. ¿Por qué crees que él o ella tiene este don?

_____

_____

¿Crees que tienes el don de pastorear? ¿Por qué?

_____

_____

Yo te Seguiré

En cierto sentido todos somos llamados a ser influencia para los demás. Un padre y una madre son influencia para sus hijos e hijas. Un buen maestro inspira a los estudiantes. Un empleado de buen corazón es influencia para que los trabajadores rindan el 100%.

Todos hemos sido llamados a influenciar a otros, pero aquellos que tienen el don de liderazgo tienen una capacidad especial y sobrenatural para estimular a otros hacia una visión más grande de la que ellos tienen. Luego estimulan a las personas a avanzar hacia adelante a fin de alcanzar sus metas.

El don de liderazgo es la capacidad para influenciar e inspirar a las personas para esperar grandes cosas de parte de Dios y para intentar hacer grandes cosas para Dios. (Romanos 12:8)

No creo que un líder de célula necesite tener el don de liderazgo para dirigir efectivamente una célula[4]. Pero los que tienen el don de liderazgo a menudo son los que dirigen las redes de grupos celulares, sirven como ancianos en la iglesia, o pastorean una iglesia.

Tampoco creo que una persona con el don de liderazgo tenga necesariamente que ser el pastor o el líder visible en una iglesia. A menudo aquellos con el don de liderazgo trabajan detrás de escena, influenciando e inspirando a otros por medio de su fiel ejemplo. Aunque, cuando se tienen que tomar decisiones importantes, todos quieren saber qué es lo que él piensa. ¿Por qué? Porque él o ella tiene el don de liderazgo.

¡Inténtalo!

Lee lo que Romanos 12:8 dice acerca del don de liderazgo.
Describe con tus propias palabras el don de liderazgo.

_____

¿Crees que Dios te ha dado el don de liderazgo? ¿Por qué?

_____

_____

---

4 Mi encuesta de veintinueve preguntas distribuida a 700 líderes de célula en ocho países mostró que el don de los líderes no afectó la multiplicación del grupo. Después de todo, los líderes efectivos utilizan todos los dones dentro del grupo.

Aconséjame

Laura, una líder de célula, es una persona muy callada y no le gusta hablar frente a grupos. Pero se transforma durante las cesiones de consejería privadas. A menudo, después de la reunión del grupo celular, Laura entabla una conexión con aquellos que están teniendo problemas, establece una relación de amistad con la persona, y luego mantiene una relación de consejería con esta persona.

Este don de consejería, en la biblia en realidad es llamado "Exhortación". *Es la capacidad de estar al lado de alguien para alentarlo y aconsejarlo (Romanos 12:8).* Aquellos que han estudiado frecuentemente los dones del Espíritu hacen referencia a este don como el don de consejería.

Todas las personas necesitan ser animadas. Incluso aquellos que ríen y que por fuera parecen optimistas, pero que por dentro de desmoronan. Probablemente lo que les impulsa es la necesidad por recibir atención. Y a los que tienen el don de dar ánimo o aliento, se les presenta la oportunidad de ofrecerles esa palabra que les traspasará en medio de las decepciones y los conducirá hacia el Dios viviente, donde él o ella podrán sentarse y escuchar a Dios de una manera fresca y nueva.

La reunión del grupo celular, es un magnífico lugar para dar consejería general, sin embargo las mejores consejerías tienen lugar antes o después de la reunión celular. Aquellos que tienen el don de la exhortación se detienen a escuchar, llevan las cargas de los demás, y les ofrecen a aquellos que se encuentran con necesidades, consejos a escoger que les ministran.

¡Inténtalo!

Lee lo que Romanos 12:8 dice acerca del don de exhortación. Muchos consideran que este don está asociado con el de consejería. Menciona a una persona que demuestre este don en su vida.

_____

¿Crees que tienes el don de la exhortación? ¿Por qué?

_____

_____

_____

Difundiendo las Buenas Nuevas

Siempre que me reúno con mi amigo Gary, él está hablando acerca del evangelismo. El respira evangelismo. Gary se pone triste cuando no hay nuevas personas recibiendo a Cristo. Gary también es muy efectivo evangelizando, y yo estoy constantemente confirmando el don evangelístico de Gary. Tal afirmación, a Gary simplemente lo llena de ánimo para hacer lo que mejor hace.

El don de evangelismo es la capacidad de comunicar efectivamente el evangelio a los incrédulos y conducirlos a Jesús. (Efesios 4:11).

Todos somos llamados a evangelizar, pero aquellos con el don de evangelismo tendrán un deseo adicional por evangelizar y tendrán los frutos que lo demuestran. Las personas que tienen el don de evangelismo emanan visión para alcanzar a incrédulos y les molesta cuando los creyentes se interesan más en perfeccionarse a sí mismos que en salir a las carreteras y a las calles menos concurridas para predicar el evangelio a los incrédulos. A los que tienen el don de evangelismo les es fácil hablarles a los incrédulos — más que hablar con cristianos.

¡Inténtalo!

Lee qué dice Efesios 4:11 acerca del don de evangelismo.
A Billy Graham se le asocia con este don, pero ¿cómo podrías describir la forma en que una persona usa este don en la vida diaria?

_____

_____

¿Crees que tienes el don de evangelismo? ¿Por qué?

_____

_____

Iniciando Iglesias

El ejemplo más famoso de un apóstol en las Escrituras es Pablo. Casi no se puede mencionar el nombre de Pablo sin añadir el título de apóstol. Pablo zarpó en tres viajes misioneros y plantó iglesias a lo largo del Imperio

Romano. Pablo iniciaba plantado las iglesias y luego se las entregaba a sus colaboradores, mientras él continuaba plantando más iglesias.

Los orígenes de la palabra griega *apóstol* se refieren a un almirante de una flota de barcos, quien bajo las órdenes de un gobernante iniciaría una colonia. Pablo el apóstol, estaba bajo las órdenes de Jesucristo para plantar una colonia de iglesias a lo largo de la región mediterránea. *La persona con el don del apostolado normalmente es reconocida como un líder espiritual por una variedad de iglesias* (1 Corintios 12:28). El don del apostolado está vivo en la iglesia hoy y se necesita desesperadamente mientras el índice de la población continúa alzándose, y más y más personas necesitan una iglesia cerca.

¿Están confinados a plantar iglesias los apóstoles? Creo que algunos que no plantan iglesias pueden ser también apóstoles— pero en otro sentido. Esas personas que ejercen una fuerte influencia en los plantadores de iglesias y en los obreros cristianos a través de lo que escriben y de su liderazgo espiritual podrían también ser considerados apóstoles.

Enseñando a los Fieles

Has notado la diferencia entre conferencistas que articulan claramente un pasaje de la biblia, de tal manera que al retirarte tu vas diciendo, "Vaya, nunca había escuchado que explicaran esos versículos bíblicos de una manera tan fácil de comprender". Lo más probable es que la persona que estabas escuchando tiene el don de enseñar.

Los que tienen el don de enseñar aman estudiar la biblia y no les alcanza el tiempo para verterla sobre los demás. Su estudio bíblico personal sale a relucir cuando enseñan la palabra de Dios. Ellos sacan a la luz detalles de las Escrituras que otros ni sabían que existían.

El don de enseñar le permite a una persona aclarar y simplificar la palabra de Dios (1 Corintios 12:28)

Los grandes maestros se enfocan en las preguntas de sus oyentes, en vez de en teoría tras teoría que sólo tiene relevancia para el maestro. Y alguien con el don de enseñar no necesita predicar para ejercitar su don. Un miembro de una célula, por ejemplo, pudiera tener el don de enseñar. Él o ella tienen la capacidad de aclarar la Escritura de una manera tan articulada que los demás son alentados y crecen en su vida cristiana. Los que tienen el don de enseñar tienen la capacidad de aclarar aquellos versículos difíciles, de una manera simple y significativa para aquellos que escuchan.

Una de las mejores maneras de usar el don de enseñar es estudiando la biblia y luego elaborando preguntas para que otros las respondan. Alfredo, por ejemplo, se prepara diligentemente durante toda la semana para su grupo del jueves por la noche. Yo esperaba un estudio de la biblia completo, con exégesis, opiniones de comentaristas, e ilustraciones. Para mi asombro, Alfredo habló muy poco esa noche. De manera habilidosa nos sacó la información a nosotros. A pesar de que había escrutado el pasaje de la biblia, él nos condujo a que descubriéramos el tesoro por nuestra propia cuenta. Él nos salpicó de preguntas que nos forzaron profundizar más y más en el texto. Alfredo tenía el don de enseñar, pero empoderaba a otros para descubrir la palabra de Dios por ellos mismos.

¡Inténtalo!

Lee lo que 1 Corintios 12:28 dice acerca del don de enseñar. Al pensar en las personas que te han enseñado, ¿sobresale uno o dos como personas que verdaderamente tienen el don de enseñar? ¿Qué hizo a esa persona ser única?

_____

_____

_____

¿Te ha dado Dios el don de enseñar? ¿Por qué lo crees?

_____

_____

_____

Necesito saber

Algunos ven el don de palabra de ciencia o conocimiento como una visión sobrenatural que Dios derrama sobre una persona para declarar eventos futuros. Es posible que hayas oído a alguien en la televisión diciendo algo como esto: "Estoy escuchando que Dios me dice que hay alguien con una lesión en la espalda que necesita oración en estos momentos". De todo corazón creo que Dios puede darte una visión sobrenatural de una persona. Dios ya me ha hablado a través de estas "palabras" en varias ocasiones. Yo, sin embargo, definiría ese fenómeno como don de profecía.

Una persona con el don de palabra de ciencia, por otro lado, tiene *la capacidad de recopilar y analizar los conocimientos a partir de una amplia variedad de fuentes, y luego aplicar ese conocimiento a través de la escritura, la enseñanza y la predicación* (1 Corintios 12: 8).

A menudo los que tienen el don de palabra de ciencia son capaces de escribir y recopilar hechos o datos que ayudan a los demás. Yo tengo este don. Me encanta reconstruir los hechos juntándolos y luego trasladar estos hechos a un libro donde otros puedan asimilar fácilmente esos hechos, y utilizarlos para sus propios ministerios. Lo más probable es que Lucas tenía este don, al igual que Salomón, quien escribió el libro de los Proverbios y trabajó muy duro para escribir tantas verdades.

Sabiduría de lo Alto

Mi hermano mayor, Jay Comiskey, tiene el don de palabra de sabiduría. Cuando estoy en un aprieto y necesito sabiduría para saber cómo responder a una persona o dar el siguiente paso en el ministerio, voy donde Jay para pedirle consejo. Jay tiene la capacidad de ver todo el panorama y luego ofrecerme el consejo específico. Otros también han notado el don de palabra de sabiduría de Jay. En los años 70 Jay viajó desde California a Virginia, pidiendo a desconocidos que lo transportaran, y comenzó a trabajar en el depósito de la Christian Broadcasting Network (Red Cristiana de Teledifusión). Ahora, Jay es uno de los vicepresidentes de CBN. Jay ha demostrado en repetidas ocasiones la capacidad de tomar decisiones acertadas en situaciones estresantes.

El don de palabra de sabiduría incluye la capacidad de aplicar la sabiduría de Dios a varias situaciones (1 Corintios 12:8).

Una cosa es poseer el conocimiento; otra muy distinta es saber qué hacer con el conocimiento. Los que tienen el don de palabra de sabiduría son capaces de entender el plan de Dios, y de ayudar posteriormente a las personas a lidiar con las consecuencias de sus decisiones. El don de palabra de sabiduría se manifiesta a menudo a través del tiempo. Otros comienzan a reconocer el consejo sólido y coherente que los que tienen el don de sabiduría dan.

¡Memorízalo!

"Por lo tanto, hermanos, tomando en cuenta la misericordia de Dios, les ruego que cada uno de ustedes, en adoración espiritual, ofrezca su cuerpo como sacrificio vivo, santo y agradable a Dios". (Romanos 12:1).

¡Recuérdalo!

1. ¿Qué verdad en esta lección te llamó más la atención?
2. Puntos principales:
   - Los dones de capacitación ayudan a los miembros de la iglesia de Cristo, preparándolos para hacer la obra de Dios de manera más eficaz y, por lo tanto, edifican y empoderan a la iglesia.
   - Entre los dones de capacitación que se mencionan en esta lección están los de pastorear, liderazgo, exhortación, evangelismo, apostolado, enseñar, conocimiento o ciencia, y sabiduría
   - Los que tienen dones de capacitación tienen un espíritu generoso y comparten deliberadamente todos su conocimiento con los demás.

¡Ponlo en práctica!

1. Determina si Dios te ha dado alguno de los dones de capacitación de los que se mencionan en esta lección.
2. Anima a los que actualmente te están preparando o capacitando. Dales una palabra de aliento o contribuye financieramente con su ministerio.
3. Si se te ha otorgado uno de los dones de capacitación, piensa en las maneras específicas en que puedes ejercitar ese don en del grupo pequeño, en el servicio de adoración, o en la vida diaria.

Los Dones De Oración Y Adoración

Recuerdo cuando Harold Weitz nos pidió a Celyce y a mí que pasáramos adelante frente a una multitud de mil miembros en una conferencia en Sudáfrica en 1999. Nosotros sabíamos que el pastor Harold era muy conocido por sus dones proféticos, pero no esperábamos recibir una profecía delante de tantas personas. ¡Su profecía para nosotros duró casi cinco minutos! Una pequeña parte de la palabra fue la siguiente: "Ahora, conoce esto ahora, esta es la hora, dice Dios, que saldrás, y un nuevo manto cae sobre ustedes en esta noche; esta es su experiencia de la zarza ardiente por la que han estado esperado; esta es la experiencia, dice el Señor, porque a partir de esta noche, voy a hacer que ustedes ya no puedan descansar, y se moverán incesantemente y sin descanso. Como mi siervo Pablo, dice el Señor, el mismo tipo de unción reposará sobre sus vidas".

Inmediatamente después de que él nos profetizó, prediqué tal como lo había hecho cada una de las tres noches anteriores. Pero algo era muy diferente esta vez. Vi a Jesús de una manera diferente. Sentí su control y poder. No era ya Joel Comiskey de pie predicando después de practicar incesantemente durante horas. Mis cargas fueron levantadas. Jesús llegó a ser tan real aquella noche que me sentí como si le pudiera tocar—así como había sido tan real cuando por primera vez me tocó y me sanó en 1973. Mis palabras fluían sin esfuerzo. Yo ya no estaba tratando de impresionar al grupo, sino simplemente permitía que Jesús fluyera a través de mí. Era su obra, no la mía.

Compré la cinta y escribí cada palabra de la profecía de Harold. Todavía la leo de vez en cuando, cuando necesito aliento. Y este es el propósito de la profecía—alentar, dar gozo y fortaleza. 1 Corintios 14: 3 dice: "En cambio, el que profetiza habla a los demás para edificarlos, animarlos y consolarlos".

Esa noche en Sudáfrica, Dios sobrenaturalmente me mostró que está vivo. Dios usa los dones de oración y adoración para recordar a las personas que él está tan vivo hoy como cuando se les apareció a sus discípulos después de su resurrección. Hebreos 13: 8 declara: "Jesucristo es el mismo ayer y hoy y por los siglos".

DONES DE ORACIÓN Y ADORACIÓN	PALABRAS CLAVES	DESEA	ES EJEMPLO DE
MILAGROS (1 Co 12:10)	El que mueve montañas	Manifestar el poder de Dios	Señales sobrenaturales
Profecía (1 Co 12:10)	Hablar con autoridad	Proclamar la verdad	La Escritura
Lenguas (1 Co 12:10)	Palabras desconocidas	Ministerio de adoración a Dios, edificación personal	Otro lenguaje
Interpretación de lenguas (1 Co 12:10)	El portador de la lengua	Edificar la iglesia	Interpretación
Sanidades (1 Co 12:9)	Sanidades	Manifestar el poder de Dios	Sanidades sobrenaturales
Discernimiento de espíritus (1 Co 12:10)	Pulso Espiritual	Distinguir lo bueno de lo malo	Análisis espiritual

Necesito un milagro

Como joven cristiano, asistí a la famosa Calvary Chapel (Capilla Calvario) de Costa Mesa, California, donde comenzó el movimiento de Jesús. Devoré las enseñanzas de Chuck Smith, y uno de los aspectos que me encantaron de sus enseñanzas es que no negaba que los milagros de Dios eran para el presente. Más bien, él enseñaba que Jesucristo está tan vivo en el presente como lo estuvo cuando resucitó.

La Biblia no es un fin en sí mismo. Más bien, es la palabra inspirada por Dios que señala al Dios de milagros. Y a él todavía le encanta hacer milagros hoy en día.

El don de los milagros es la capacidad de creer a Dios por poderosos actos que vayan en contra de las leyes naturales y que glorifiquen a Dios por los acontecimientos milagrosos (1 Corintios 12:10). Los milagros son dones sobrenaturales que Dios da a ciertos miembros de su cuerpo, que le permiten a la persona hacer cosas sobrenaturales. Dios todavía hace milagros hoy. Él es el mismo ayer, hoy y por siempre. Él nunca cambia. Y porque Él nunca cambia, debemos esperar ver que grandes cosas ocurran entre nosotros. Los que tienen el don de milagros puede orar por que ocurran acontecimientos inusuales y pueden ver la respuesta de Dios de una manera poderosa. Ellos son capaces de creer a Dios por lo que parece imposible y luego confiar en que Dios cumplirá su promesa.

Dios Habla Hoy

En la película, Facing the Giants (Enfrentando a los Gigantes), uno de los personajes siente una impresión de Dios para ir con el desalentado entrenador y decirle: "Entrenador, Dios aún no ha terminado con usted". Este entrenador, a punto de ser despedido, se renovó con energía y vigor. Él fue inspirado para seguir adelante. Y la profecía pretende hacer exactamente eso—inspirar la grandeza de Dios en nosotros.

Sólo Dios puede trabajar de una manera poderosa y manifestarse. La profecía inspira al pueblo de Dios a pensar fuera de la caja y a creer en Dios por lo imposible. La profecía da gran consuelo al saber que Dios está realmente vivo y trabajando en medio de su pueblo.

La Profecía es la capacidad de recibir un mensaje de Dios y luego entregarlo a su iglesia (1 Corintios 12:10).

Este es un don importante porque el Espíritu Santo lo utiliza para manifestar su presencia, asegurándoles a las personas que él está vivo y hablando directamente a ellos.

Josafat, un rey de Judá, tuvo que enfrentarse a un ejército enemigo que lo superaba en número. Las probabilidades eran imposibles. Así que le pidió a su pueblo que ayunara, y esperaron en Dios. Mientras esperaban, y clamaban a Dios, el Espíritu de Jehová vino sobre

Jahaziel, y profetizó diciendo: "Entonces el Espíritu del SEÑOR vino sobre Jahaziel, hijo de Zacarías y descendiente en línea directa de Benaías, Jeyel y Matanías. Este último era un levita de los hijos de Asaf que se encontraba en la asamblea. Y dijo Jahaziel: «Escuchen, habitantes de Judá y de Jerusalén, y escuche también Su Majestad. Así dice el SEÑOR: No tengan miedo ni se acobarden cuando vean ese gran ejército, porque la batalla no es de ustedes sino mía. Mañana, cuando ellos suban por la cuesta de Sis, ustedes saldrán contra ellos y los encontrarán junto al arroyo, frente al desierto de Jeruel. Pero ustedes no tendrán que intervenir en esta batalla. Simplemente, quédense quietos en sus puestos, para que vean la salvación que el SEÑOR les dará. ¡Habitantes de Judá y de Jerusalén, no tengan miedo ni se acobarden! Salgan mañana contra ellos, porque yo, el SEÑOR, estaré con ustedes". 2 Crónicas 20: 14-17). Dios les dio a Josafat y a su pueblo una victoria increíble.

El mal entendido que se presenta con la profecía es que se piensa que tiene que ser un mensaje futuro y perturbador, que normalmente le cause hacer enormes ajustes al que la recibe. Dios no suele tratar con nosotros de esta manera, y rara vez la profecía funciona de esta manera. La gran mayoría del tiempo, la profecía asegura al pueblo de Dios del amor, la gracia y el plan de Dios para ellos. La profecía le ayuda a las personas a ver que Dios está trabajando detrás del telón y que sí tiene un plan perfecto que ha de desplegar en su tiempo.

Abusar de la Profecía es algo que ha ocurrido y que ocurre, y muchos han sido vacunados contra la verdadera profecía. Yo estaba en una iglesia que tiene una clase profética de escuela dominical, en la que invitaban a quien quisiera venir y recibir una palabra profética. Sin embargo, el líder de esta reunión profética me dijo que cada profecía tenía que estar enmarcada en la Escritura y tenía que edificar al que la escuchaba. Conociendo los peligros, se alejaban de las predicciones sobre el futuro. Creo firmemente que Dios da a su pueblo profecías sobre el futuro. Sin embargo, también creo que los que ofrecen este tipo de profecías deben tener un ministerio profético maduro y comprobado.

¡Inténtalo!

Lee lo que 1 Corintios 12:10 dice sobre el don de profecía.
¿Cuál ha sido tu comprensión sobre el don de profecía hasta este punto?

_____

_____

_____

¿Cómo ha cambiado tu punto de vista desde que leíste esta lección?
¿Crees que tienes este don? ¿Por qué?

_____

_____

_____

_____

_____

_____

Lenguajes Desconocidos

¡El hablar en lenguas es para el presente! Este regalo no ha cesado. Sé que muchas personas tienen problemas con este don. Por un lado, las personas sostienen que ESTE DON acompaña a la llenura del Espíritu. Por otro lado, están los otros que desestiman este don y boicotean a todo el que cree en él.

El don de lenguas es la capacidad de recibir y hablar una lengua divina en un idioma desconocido para la persona (1 Corintios 12:10).

El don de lenguas es principalmente para la edificación del creyente que habla en una lengua desconocida. Es un lenguaje de oración que mueve al creyente para hablar específicamente con Dios y crecer en su relación con el Todopoderoso. Muchos de los que tienen el don de lenguas lo utilizan en su vida de oración personal.

Si Dios te ha dado el don de lenguas, el mejor lugar para usarlo es en tu tiempo devocional. El hablar en lenguas es de gran beneficio en la adoración, porque muchas veces no hay palabras para expresar nuestro torrente de deseo. A menudo hablo en lenguas en mi tiempo devocional porque sé que estoy ministrando directamente al corazón de Dios (1 Corintios 14: 2).

Al usar el don de lenguas en público, siempre debe haber un intérprete (véase 1 Corintios 14: 27-28). La Biblia deja en claro que en público es mucho mejor hablar con palabras que la gente entiende más que con palabras que son ininteligibles. Pablo dijo en 1 Corintios 14: 18-19: "Doy gracias a Dios porque hablo en lenguas más que todos ustedes. Sin embargo, en la iglesia prefiero emplear cinco palabras comprensibles y que me sirvan para instruir a los demás, que diez mil palabras en lenguas".

¡Inténtalo!

Lee lo que 1 Corintios 12:10 dice acerca de las lenguas.
Describe el don de lenguas con tus propias palabras.

_____

_____

¿Has hablado alguna vez en lenguas? ¿Por qué? o ¿Por qué no?

_____

_____

_____

_____

¿Podrías Interpretar eso?

Una iglesia que admiro mucho, tiene como práctica, esperar en el Señor antes de la predicación para ver si los miembros quieren profetizar o hablar en lenguas. He oído a varias personas hablar en lenguas entre los miembros de esta iglesia, pero cada don de lengua fue seguido por una interpretación. Fue hecho decentemente y en orden, tal como lo dice 1 Corintios 14:33, "porque Dios no es un Dios de desorden sino de paz".

Los que interpretan las lenguas tienen la capacidad de tomar un mensaje comunicado en lenguas dándolo a conocer en un idioma conocido (1 Corintios 12:10). A menudo, los que interpretan también tienen el don de lenguas o el de profecía. A veces la persona que habla en lenguas interpreta su propio mensaje. Sin embargo, lo que es importante es que alguien interprete el don de lenguas que se da en una reunión pública.

En el ámbito del grupo pequeño, el líder debe instruir a los que tienen el don de lenguas, que el don público de lenguas siempre requiere de una interpretación. El líder podría incluso decirle a la persona que habla en lenguas que ore por la interpretación o que no hable, pero si el líder tiene este don de interpretación, él o ella debe estar dispuesto a interpretar.

De hecho, los errores y los fracasos ocurren en el ministerio de grupos pequeños— al igual que en todos los demás aspectos de la vida. Sin embargo, sin la libertad de experimentar, existe el peligro muy real de limitar o apagar el fuego del Espíritu. Si bien es cierto que todas las prácticas de los dones espirituales deben ser guiadas por la palabra infalible de Dios, recordemos que deben practicarse. De hecho se nos manda a administrar bien nuestros dones (1 Pedro 4:10).

Sáname Señor

En 1974, me uní a un ministerio llamado Shekinah, con sede en Long Beach, California. Como nuevo cristiano que era, estaba fascinado con el ministerio de sanidad en Shekinah. Este ministerio enviaba equipos de personas a diferentes iglesias por toda California para llevar a cabo los servicios de sanidad. Pude aprender de mi experiencia en Shekinah, que no podía manipular el poder sanador de Dios. Él sanaba a los que él quería sanar, y no podía forzar mi voluntad sobre la de él. También descubrí que no tenía el don particular de sanidad.

Otros en Shekinah sí tenían este don, y Dios los usaba constantemente para que oraran por las personas y que estas sanaran. Si has orado para que las personas sean sanadas y has visto poderosos resultados, hay una buena probabilidad de que tengas este don de sanidad.

El don de sanidad es la capacidad de orar por sanidad y ver los resultados (1 Corintios 12: 9).

Pero la sanidad no trata sólo sobre orar por los enfermos. En 1 Corintios 12: 9, Pablo usa el término don para sanar enfermos, el cual se refiere también a la sanidad en las esferas emocionales y espirituales.

¡Hazlo!

Ve donde alguien que necesite sanidad (física, espiritual, o emocional) y ora por esa persona, esperando que Dios la sane.

Tantos problemas físicos tienen sus raíces en el quebrantamiento emocional. Dios a veces sana a una persona físicamente, mientras que otras veces trabaja en el estado emocional que causó el problema. Algunos especiales agentes sanadores de Dios podrían ser consejeros, médicos, o ministros entrenados.

¡Inténtalo!

Lee sobre el don de sanidad en 1 Corintios 12: 9.

Sabiendo que el don de sanidad no se refiere sólo a sanidades físicas, ¿conoces a alguien que tiene este don?

_____

_____

¿Te ha dado Dios este don? ¿Por qué lo crees?

_____

_____

_____

_____

Malas Vibras

Tenemos a una hermana en nuestra célula que tiene el don de discernimiento de espíritus. Ella es muy sensible a la maldad que hay en el mundo y en la iglesia. Ella admite que a veces es muy difícil manejar este don porque ella puede discernir rápidamente la presencia de la maldad y se ve obligada a hacer claras afirmaciones en contra de esta.

El don de discernimiento ayuda a una persona a distinguir entre la verdad y el error, y a saber con certeza cuándo una conducta es de origen satánico, humano o divino (1 Corintios 12:10).

Los que tienen el don de discernimiento están especialmente dotados de la capacidad de saber con certeza lo que es verdadero y lo qué es falso. Jesús dijo: "Cuídense de los falsos profetas. Vienen a ustedes disfrazados de ovejas, pero por dentro son lobos feroces (Mateo 7:15).

El don de discernimiento es multifacético y práctico. Parece estar ligado al don de palabra de sabiduría. Si una persona está luchando con problemas personales y podría ser confundido por el engaño y la mentira de Satanás, alguien con el don de discernimiento podría hablar la verdad a su vida y guiar a la persona por el camino correcto.

Y este don puede ser utilizado de manera personal. Puede ayudar a una persona a descubrir la verdad y el error en sus propias vidas y luchas.

¡Inténtalo!

Lee 1 Corintios 12:10 acerca del discernimiento de espíritus.
Describe el don de discernimiento en tus propias palabras.

_____

_____

_____

¿Te ha dado Dios este don? ¿Por qué lo crees?

_____

_____

_____

¡Recuérdalo!

1. ¿Qué te llamó la atención de esta lección?
2. Puntos principales:
   - Los dones de oración y adoración incluyen la profecía, lenguas, interpretación de lenguas, milagros, sanidades, y el discernimiento de espíritus
   - Los dones de oración y adoración nos recuerdan que Dios está vivo y que está trabajando en nuestras vidas hoy en día.
   - Dios es soberano, y no será manipulado por los dones de oración y adoración (por ejemplo, todo el mundo debe ser sanado).

¡Ponlo en práctica!

1. Vuelve a leer sobre los dones de oración y adoración que se mencionan en esta lección
2. Determina cuál de los dones de oración y adoración te ha dado Dios.
3. Practica usando ese don en tu célula, servicio de adoración, y en tu vida diaria.

¿Cómo Descubro Mis Dones Espirituales?

Muchos de nosotros hemos memorizado las palabras: "En 1492, Colón navegó el océano azul". Se piensa comúnmente que Cristóbal Colón descubrió América en ese momento. Sin embargo, no fue sino hasta 1498, en su tercer viaje que Colón llegó al continente. 1492 sí tiene mucho significado porque Colón zarpó en ese momento y continuó explorando hasta su último viaje en 1502. 1492 es un año importante porque fue el año en que Colón inició su búsqueda de toda la vida, que revolucionó los viajes y la exploración en ese momento.

Es interesante notar que en 1492, Cristóbal Colón casi fracasó cuando su tripulación se amotinó contra él. Sin embargo, él no se dio por vencido. Lo intentó una y otra vez. Continuó explorando y mejorando sus habilidades de navegación a través del tiempo. Finalmente, él hizo sus asombrosos descubrimientos que cambiaron el curso de la historia.

Encontrar tu don espiritual es un proceso difícil de descubrimiento que no sucede de la noche a la mañana. Es un proceso de salir, aprender, y hacer ajustes a mitad del camino.

Un Ambiente íntimo es el Propicio para que ocurra el Descubrimiento

Hace más de treinta y dos años empecé a ejercer mi don de liderazgo dirigiendo un grupo celular en la casa de mis padres. Yo tenía tan sólo un par de años como cristiano y me tropezaba constantemente dando mi lección. Recuerdo cuando Bob Burtch, el líder de alabanza en el grupo, me tomó aparte después de uno de mis mensajes incoherentes y dijo: "Joel tú realmente necesitas trabajar en cómo das tu lección". Bob era un gran amigo y se sintió con libertad para desafiarme. Yo también lo desafié a él. Todos en el grupo traíamos una alabanza, una Escritura, o un testimonio. Es a través de relaciones ordenadas por Dios que crecemos juntos. Y es en este contexto en el que aprendemos a crecer en la vida cristiana. El grupo pequeño es un contexto ideal para que esto suceda.

¡Inténtalo!

Lee Hechos 2: 42-46 y 5:42.
¿Dónde se reunía la iglesia primitiva?

_____

_____

Comparte cómo has podido utilizar tus dones en el contexto del grupo celular.

_____

_____

En realidad, los pasajes bíblicos acerca de los dones del Espíritu fueron escritos primero para las iglesias en las casas en el primer siglo. En un ambiente de grupo tan pequeño, Pablo podía esperar que ellos usaran sus dones y recibieran retroalimentación. Lo mismo es cierto en el siglo XXI.

Experimenta con Diversos Dones

En el servicio de adoración más grande, experimentar naturalmente con los dones es algo que raramente sucede porque asumir riesgos en un ambiente así no se fomenta, ni se debe fomentar. Sin embargo, en la seguridad del grupo pequeño y con el apoyo del líder del grupo, la experimentación puede ocurrir, y el Espíritu Santo la bendecirá. Cuando estás sentado en una cómoda sala con sólo unas pocas personas, hay muchas más posibilidades de hablarles y ministrarles.

Una vez que el grupo se va sintiendo cómodo los unos con los otros y con más conocimientos acerca de los dones espirituales, el líder puede animar a los participantes a confirmarse los unos a los otros los dones espirituales en el tiempo del grupo pequeño. El descubrimiento de los dones tiene lugar en el proceso de servirnos los unos a los otros, en el cuidado de los unos a los otros y en vivir la vida del cuerpo. Cuando te das cuenta que Dios bendice constantemente tus esfuerzos en un área determinada que edifica a otros, puedes concluir con confianza que tienes ese don en particular.

Algunas iglesias magnifican sólo a uno o dos dones, excluyendo los demás. Algunos han llamado a esto el proceso de colonización del don. Si el pastor es un evangelista dotado con campañas regulares, puede haber una fuerte tendencia a organizar a toda la iglesia alrededor del evangelismo. Los otros dones del Espíritu Santo pueden ser menos propensos a ser manifestados en la iglesia porque la gente de ideas afines se quedarán o se marcharán, dependiendo de si les gusta o no el pastor.

Por otra parte, los grandes facilitadores de grupos, permiten una mayor diversidad. El líder tiene que estar abierto para permitirles a las personas experimentar con los dones que son diferentes a los suyos— siempre y cuando el uso de ese don edifique al resto del grupo. Mientras el líder da a los miembros más libertad para ejercitar sus dones, los miembros irán experimentando una nueva responsabilidad y en consecuencia se sentirán más comprometidos con la iglesia.

¡Inténtalo!

Lee 1 Corintios 14: 26.
¿Cómo deberían de ejercitarse todos los dones?

_____

_____

¿Cómo planeas edificar a la iglesia de Cristo a través de tu don?

_____

_____

_____

¿Qué te Gusta Hacer?

Algunas personas se rascan la cabeza cuando se enteran que soy un escritor. No pueden creer que yo en realidad pueda disfrutar el recopilar y organizar datos y luego escribirlos en un libro. Esto les parece tan extraño, porque no es lo que a ellos les gusta hacer. Pero debido a que tengo el don de conocimiento o palabra de ciencia, me emociona el aprender y escribir mis ideas para hacer un libro. Otra persona estaría completamente agotada de escribir, pero sentiría un inmenso placer en aconsejar a otros, por ejemplo. Sólo depende de los dones que Dios ha depositado en ti.

Normalmente, después de que utilices tu don te irás diciendo: "¡Vaya, me encantó hacer esto!" Si sientes que tienes el don de enseñar, la primera pregunta que debes hacerte es, "¿Me gusta explicar la verdad bíblica?" Si tienes el don espiritual de sanidad, es necesario que te preguntes: "¿Disfruto orar por las personas? ¿Sana Dios a algunos de ellos?

Tal vez tengas el don de ayudar y administrar. Las preguntas claves son: "¿Amo traer los refrescos? ¿Acaso amo organizar eventos en el grupo?" Si tienes el don de misericordia, tú te querrás preguntar, "¿Acaso me atrae visitar a los miembros de células que tienen problemas?"

El gozo y la emoción acompañan el uso apropiado de los dones espirituales. Lo más probable es que tengas un don particular que cuando lo practicas experimentas alegría interior, eres lleno de entusiasmo y energía, y te sientes realizado. Cuando se siente pesado y cargado el ejercío de un don espiritual, puede ser porque no hay tal don operando.

¡Inténtalo!

Lee 1 Corintios 14:1.
Describe el consejo de Pablo con tus propias palabras

_____

_____

_____

¿Cuál don en particular deseas con ansias? ¿Por qué?

_____

_____

_____

_____

_____

Busca la Confirmación de los Demás

Timoteo era hijo espiritual del apóstol Pablo. Pablo fue el mentor de Timoteo y finalmente lo dejó en Éfeso para pastorear. Timoteo sentía que no era el adecuado debido a su juventud, por lo que Pablo le animó diciendo: "Que nadie te menosprecie por ser joven. Al contrario, que los creyentes vean en ti un ejemplo a seguir en la manera de hablar, en la conducta, y en amor, fe y pureza". (1 Timoteo 4:12) En otra ocasión, Timoteo tenía miedo de ejercitar su don espiritual, por lo que Pablo le dijo: "Pues Dios no nos ha dado un espíritu de timidez, sino de poder, de amor y de dominio propio. Así que no te avergüences de dar testimonio de nuestro Señor, ni tampoco de mí, que por su causa soy prisionero. Al contrario, tú también, con el poder de Dios, debes soportar sufrimientos por el evangelio". (2 Timoteo 1, 7-8).

Timoteo necesitaba el aliento de Pablo para seguir adelante frente a los obstáculos. También necesitaba la confirmación de Pablo, de los dones espirituales que ya había recibido—y de la necesidad de utilizarlos. Nosotros, como Timoteo, necesitamos la afirmación y confirmación de nuestros dones espirituales.

¿Qué confirman las personas en ti? Si notan tu capacidad para aclarar el significado de las Escrituras, es posible que tenga el don de enseñar. Los dones fueron dados para edificar el cuerpo de Cristo, y cuando edificas a alguien con tu don, las personas te lo harán saber. Una vez que el grupo se sienta más en confianza los unos con los otros, y con más conocimientos acerca de los dones del Espíritu, pídele a alguien que te diga qué don cree que tienes.

¿Qué pasa si nadie te dice nada? Mi consejo es que le preguntes a alguien que respetes. Jesús dijo: "Pidan, y se les dará; busquen, y encontrarán; llamen, y se les abrirá. 8 Porque todo el que pide, recibe; el que busca, encuentra; y al que llama, se le abre". (Mateo 7: 7-8). Pregúntales a personas maduras y piadosas que conozcas para que te confirmen tu don espiritual. Esto te dará un mejor panorama de tu lugar especial en el cuerpo de Cristo.

¡Inténtalo!

¿Alguna vez alguien te ha confirmado algún don en particular en tu propia vida?

_____

_____

_____

Si tu respuesta es sí, describe cuál es tu don espiritual y cuándo fue confirmado.

_____

_____

_____

Puede ser de mucha ayuda probar los dones del Espíritu, he sido beneficiado al tomar este tipo de pruebas en varias ocasiones (véase el apéndice 2). Sin embargo, las personas podemos proyectar los dones que nos gustaría tener en este tipo de pruebas de dones, por lo que no es un método infalible para descubrir tus dones. Un método mucho más seguro y más eficaz es experimentar con diferentes dones alrededor de aquellos que te conocen y te aman. Luego pídeles que te den su opinión.

¡Hazlo!
Pregúntale a alguien que respetes acerca de cuál don cree que tienes.

Usando tus Dones en la Vida Diaria

Aunque la principal aplicación de dones espirituales se da en la iglesia, creo que el Espíritu quiere usar nuestros dones para alcanzar a un mundo perdido. Nuestros dones pueden ser utilizados donde quiera que estemos— en el trabajo, el hogar, la escuela— no sólo dentro de la iglesia.

Tal vez cuando estás hablando con un amigo o compañero de trabajo, de repente surge una necesidad en particular. El mismo Espíritu que estaba trabajando en tu grupo pequeño la noche anterior quiere usarte allí en ese mismo momento. Pídele al Espíritu que te dé sabiduría y que manifieste sus dones a través de ti, ya sean de ayuda, de milagros, o de discernimiento de espíritus.

Si tienes el don de misericordia, Dios seguramente te utilice en visitas al hospital, ya sea que estés o no estés visitando a un miembro de la iglesia. Los que tienen el don de evangelismo usan su don dondequiera que estén. El Doctor Robert L. Saucy, profesor en el Seminario Talbot, dice, "Puesto que la iglesia es la iglesia, ya sea que los miembros se reúnan para una reunión corporativa o que estén dispersos en sus hogares y comunidades, el ministerio de los dones puede llevarse a cabo en todas las situaciones".[5]

---

5 Tal como ha sido citado en *Are Miraculous Gifts for Today?* (¿Son para estos Días los Milagros Dones?) Editor Wayne Grudem (Grand Rapids, MI.: Zondervan, 1996), p. 141.

¡Inténtalo!

¿Cómo puedes usar tu(s) don(es) del Espíritu estando en tu casa, trabajo, o escuela?

_____

_____

_____

_____

_____

Usando Tus Dones en el Servicio de Celebración

Algunos ejercerán su don en el culto de celebración, pero este no es el lugar principal dónde hacerlo. El lugar menos probable para ejercitar tus dones es el culto de celebración. Yo aconsejo a las iglesias a que prueben primero a la persona en el grupo pequeño antes de permitirle que ejercite su don en el servicio de adoración. La reunión de celebración es fundamentalmente para aquellos que han practicado sus dones en una escala más pequeña y ahora están listos para la reunión más grande. Sin haber sido probado en una reunión más pequeña, la persona podría llegar a ponerse nerviosa y tropezar. Si no puedes dar una enseñanza clara sobre un pasaje de las Escrituras en el grupo pequeño, por ejemplo, es muy probable que no seas capaz de enseñar en frente de una reunión más grande. Es en el grupo celular donde aprendemos, donde tenemos a personas confirmando nuestros dones, y donde posteriormente nos es entregada una mayor responsabilidad ante las demás personas.

¡Memorízalo!

"Por eso ustedes, ya que tanto ambicionan dones espirituales, procuren que éstos abunden para la edificación de la iglesia" (1 Corintios 14:12).

¡Recuérdalo!

1. ¿Qué fue lo principal que aprendiste de esta lección?
2. Puntos principales:

- Debemos usar nuestros dones en presencia de otras personas y buscar su confirmación sobre lo dones que Dios nos ha dado.
- El uso de un don del Espíritu siempre está acompañado del deseo proveniente de Dios de usarlo.
- Los dones del Espíritu pueden ser utilizados en la vida diaria, en el grupo pequeño, o en la reunión del grupo más grande.

¡Ponlo en práctica!

1. Usa tu(s) don(es) frente a otras personas y pregúntales acerca de cuál don creen que tienes.
2. Determina si disfrutas/deseas ejercitar tu(s) don(es) espiritual(es)
3. Usa tu don en tu vida diaria y en el grupo pequeño.

¿Cómo Le Ayudo A Los Demás A Descubrir Sus Dones Espirituales?

El descubrimiento puede ser contagioso. Los descubrimientos de Cristóbal Colón tuvieron un impacto que fue más allá de los descubrimientos mismos. A pesar que otros descubridores e inmigrantes llegaron al nuevo mundo de las Américas antes que Colón, su impacto e importancia en la historia tuvieron un efecto de bola de nieve. Los viajes de Colón llegaron cuando las técnicas de navegación y de comunicación hicieron posibles reportar esos viajes fácilmente por toda Europa Occidental. Otros exploradores se envalentonaron para izar vela y descubrir nuevas tierras y riqueza.

Tú no sabes el impacto que podrías tener en los demás. Cuando estás lleno del Espíritu Santo y lo experimentas obrando a través de tu vida, esto es inspirador. A medida que te emociones por los dones del Espíritu, otros serán contagiados... Al encontrar y descubrir tus dones espirituales, inspirarás a otros a hacer lo mismo. Si estás dirigiendo un grupo pequeño, te encuentras en la posición perfecta para ayudar a los demás a confirmar sus dones y a experimentar con dones nuevos.

Permíteles a las Personas Experimentar

Los líderes de los grupos celulares tienen la oportunidad excepcional de inspirar a otros en el grupo para salir y usar sus dones.

Pídele a María que traiga los refrescos. Observa cómo responde. Tal vez ella esté feliz por la oportunidad o tal vez se erice y ponga excusas. Todos estamos llamados a ayudar, pero los que tienen el don de ayudar y el de servicio *con gusto* te ofrecerán su ayuda.

Es una gran idea poner a miembros de la célula a dirigir partes de la reunión, como la bienvenida o la adoración cuando el líder de la célula se encuentra ahí. De esta manera el líder de la célula podrá darle su apreciación al miembro de la célula.

Si durante la reunión del grupo pequeño, observas que María, por ejemplo, adora con pasión, tú podrías llamar a María aparte después de la reunión. Pídele que dirija una o dos alabanzas durante la próxima reunión celular. Descubre si es fiel haciéndolo, pero entonces también observa cómo los demás responden con ella. Asegúrate de felicitarla, independientemente de cómo lo haya hecho. Si pasa la primera prueba, dale una responsabilidad adicional.

O tal vez Juan tiene el don de misericordia y quiere organizar una actividad social dirigida a los inmigrantes pobres que viven en el extremo sur de la ciudad. Está bien colocar la responsabilidad sobre Juan porque él inició con la idea. Pero, ¿estás dispuesto a permitirle a Juan salir y probar? El intento de Juan de usar su don de misericordia lo energizará a él y a otros—y en el proceso se extenderá el reino de Dios.

De acuerdo, las personas cometerán errores. Se irán de bruces. Pero cuando eso suceda, anímales a levantarse del polvo y a mirar hacia arriba. El aprendizaje trata sobre cometer errores y luego aprender de esos errores. Algunas personas esperan la perfección antes de hacer cualquier cosa por Jesús. Con esta actitud, hacen muy poco.

¡Inténtalo!

Lee Mateo 14: 28-29.
¿Cómo vemos la disposición de Pedro a tomar riesgos en estos versículos?

_____

_____

¿Cómo puedes aplicar estos versículos para ayudar a otros a usar sus dones en el contexto de la célula?

_____

_____

_____

¡Hazlo!
Piensa acerca de los dones de cada miembro en tu célula. Planifica pedir a uno o dos miembros ejercitar sus dones dentro o fuera de la célula.

Los buenos facilitadores de grupos están abiertos para permitir a las personas experimentar con dones que son diferentes de los suyos—siempre y cuando el uso de ese don edifique al resto del grupo. Mientras más libertad les dé el líder a los miembros para ejercitar sus dones, los miembros podrán experimentar una nueva libertad y compromiso.

Ayúdales a los Demás a Conocer sobre las Opciones de Dones

Yo estaba leyendo un libro sobre los dones espirituales, que con autoridad afirmaba que el buen humor era un don espiritual. Ahora, a mí me encanta escuchar un buen chiste así como a cualquier otra persona, y admiro a los que tienen un brillante sentido del humor. Pero, ¿es el humor un don espiritual? ¿Dónde dice en la Biblia que el humor sea un don espiritual? Yo simplemente no lo veo, y sería muy cauteloso al promover tal don. A pesar de que la Biblia es la máxima autoridad en cuanto a los dones espirituales, también hay algunos buenos libros que me gustaría recomendar (véase el apéndice 2).

George Barna, un investigador cristiano, hizo una encuesta en 1995 para determinar cuántos creyentes conocían su don espiritual. En ese momento, el 4% de los creyentes cristianos nacidos de nuevo dijeron que *no tenían* un don espiritual. Sin embargo, sólo cinco años después, ese porcentaje se había disparado al 21 %. Y en esa misma encuesta, la forma en que las personas describieron su don espiritual era bastante errónea (por ejemplo, ser una persona agradable, paciente, tener habilidades de supervivencia, etc.)[6]

---

6 Barna Research Group (Grupo de Investigación Barna), "Awareness of Spiritual Gifts is Changing (La conciencia sobre los Dones del Espíritu está Cambiando" Comunicado de Prensa, 5 de febrero, 2001, pp. 1–2.

Esta brecha en el conocimiento seguramente crecerá más si no ayudamos a las personas a:

1. Entender lo que los dones espirituales son.
2. Identificar sus propios dones.
3. Confirmar los dones que tienen.
4. Animarlos a ejercer y desarrollar sus dones

Preparar una lección celular sobre los dones del Espíritu es una gran idea. Pero asegúrate de que no sea sólo un tiempo de enseñanza bíblica. Asegúrate de darles a las personas una oportunidad de identificar sus propios dones espirituales. Pregúntales por qué creen que tienen tal y tal don.

Como preparación para una lección celular sobre los dones del Espíritu, haz que los miembros lean los pasajes de los dones del Espíritu. Los tres capítulos principales son Romanos 12; 1 Corintios 12 y Efesios 4. Las Escrituras son el primer lugar donde tenemos que buscar.

Lección para Grupo Celular sobre los Dones del Espíritu

1. Lee Romanos 12:3–8 y 1 Corintios 12:4–11.
2. ¿Qué tipo de enseñanza has tenido en el pasado sobre los dones del Espíritu?
3. ¿Por qué da Dios dones espirituales a la iglesia? (Respuesta: para edificar a su cuerpo)
4. ¿Qué don(es) sobresale que se parezca al que podrías tener? ¿Por qué?
5. ¿Cómo determinas cuál don(es) tienes? (Respuesta: por el deseo de tenerlo, has probado el don, confirmación por parte de otros)
6. ¿Cómo puedes usar tu don en el contexto de la célula?

¡Inténtalo!

Vuelve a leer Romanos 12: 3-8; Efesios 4: 7-11 y 1 Corintios 12: 4-11, 27-31.

Piensa en cada persona de tu grupo celular. Basado en tus observaciones de estos miembros de la célula, haz una lista de don(es) que crees que cada persona tiene.

_____

_____

_____

_____

_____

_____

Deseo Personal

Richard Nelson Bolles auto-publicó por primera vez en 1970 el libro *¿De qué color es tu paracaídas?* La primera impresión vendió cien ejemplares. Poco a poco la gente empezó a recomendar el libro, y ahora, treinta y seis ediciones más tarde, ha vendido nueve millones de copias. Todo comenzó cuando Bolles, como sacerdote episcopal ordenado, perdió su trabajo en una crisis presupuestaria. Él descubrió que muchos de sus colegas ministros compartían la misma situación: sus puestos de trabajo estaban en peligro, y no tenían ni idea de qué hacer. Así que Bolles investigó un poco y escribió una guía de 168 páginas para ayudar a los ministros a encontrar trabajo y cambiar de carrera.

En el núcleo de la fórmula de Bolles se encuentran dos preguntar para encontrar el trabajo adecuado

1. ¿Qué quieres hacer?
2. ¿Dónde quieres hacerlo?

Nota el tema del deseo. ¿Qué es lo que quieres hacer? Aquí es también donde comienza la búsqueda de los dones. ¿Qué es lo que realmente te gusta hacer? El Dios que otorga los dones le ha dado a la persona un sentimiento de alegría y placer que aflora al usar ese preciso don. Dios sabe que no vamos a durar mucho tiempo en algo que no estimule nuestra imaginación y acelere nuestro corazón hasta el nivel más alto.

Busca las semillas del deseo en quienes estás ayudando en su proceso de descubrimiento. Busca la luz en sus ojos mientras sirven, enseñan, evangelizan, u oran con las personas por sanidad.

Si alguien continua de voluntario para hacer la misma cosa, hay una buena probabilidad de que Dios ha puesto el deseo espiritual dentro de esa persona. Confirma ese deseo y desafía a la persona a alcanzarlo. Si a una persona le encanta pasar tiempo con los demás mientras les ofrece consejería, lo más probable es que esa persona tiene el don de consejería. Deja que la persona se dé cuenta que él o ella es apreciada por los esfuerzos de consejería que realiza. Tu trabajo, entonces, es animar a la persona con ese don en particular.

¡Inténtalo!

De acuerdo a la lista que has hecho en el último ejercicio, pregúntale a cada persona en tu célula si él o ella desean utilizar el don que anotaste. Si es así, esto podría ser la confirmación que la persona necesita para empezar a ejercitar ese determinado don.

Si no, lo más probable es que la persona no tiene ese determinado don.

Confirma el Don

¿Por qué no te conviertes en la primera persona en tratar de confirmar el don de otra persona en el grupo? Has leído a lo largo de este libro sobre cómo algunas personas han lidiado con el tema de los dones del Espíritu, y a ti también te ha pasado. Ahora es su turno para ayudar a otra persona a descubrir sus dones espirituales. Tal vez le podrías decir a Santiago, "Me he dado cuenta que eres genial explicando ese pasaje de las Escrituras". "¿Será que tienes el don de enseñar?" Tal vez Santiago ni siquiera había pensado en esta posibilidad. O tal vez Santiago ni siquiera sabe qué son los dones espirituales. Tú puedes ayudar a Santiago, animándolo de esta manera.

Al comenzar a ver dones espirituales en los demás, Dios te usará para animarlos. Quizás Marta recibe una gran cantidad de impresiones de parte del Señor. A ella le gusta decir: "El Señor me estaba mostrando que él va a empezar a convertir a las personas a

Jesús, así que preparémonos". Tú puedes percibir que Marta tiene el don de profecía. Tú le podrías decir, "¿Marta, alguna vez se te ha ocurrido que tienes el don de profecía?" Sólo me gustaría animarte a dar el primer paso y a creer que Dios te ha dado este don.

¡Memorízalo!
"Por eso te recomiendo que avives la llama del don de Dios que recibiste cuando te impuse las manos."
(2 Timoteo 1:6).

¡Recuérdalo!

1. ¿Cuál fue la verdad central que aprendiste de esta lección?
2. Puntos principales:
   - Tenemos que animar a miembros de la célula para dar el paso y usar sus dones espirituales a pesar de que cometan errores en el proceso.
   - El conocimiento de los dones espirituales, el deseo personal, y la confirmación de parte de los demás les abre las puertas a los individuos para que usen sus dones espirituales.

¡Ponlo en práctica!

1. Anima a las personas en el grupo para que den el paso y ejerciten sus dones espirituales.
2. Ve hacia donde se encuentre una persona que creas que tiene un determinado don. Pregúntale a esa persona si tiene ese don.
3. Provee de recursos (por ejemplo: de libros, de pruebas o exámenes de dones espirituales, etc. de los cuales encontrarás referencias en el apéndice) para ayudar a las personas a determinar cuáles son sus dones.

Cómo Entrenar A Alguien Utilizando Este Material

Muchas iglesias enseñarán el uso de este material en un ambiente de grupo. Esta es la forma habitual de utilizar el material, pero no es la única manera.

Otra manera de entrenar a alguien sería permitiéndole a la persona completar cada lección individualmente y luego pedir a alguien del mismo sexo que lo supervise. El entrenador o supervisor tiene que hacer que el "alumno" se haga responsable de completar la lección y de compartir lo que él o ella está aprendiendo.

Creo que existen múltiples métodos para utilizar material didáctico. No todo el mundo puede asistir a las reuniones de entrenamiento del grupo, pero la gente siempre necesita entrenamiento. El entrenamiento es una magnífica opción.

Entrenando al Aprendiz a través de este Material

Idealmente, el entrenador o supervisor debería reunirse con el alumno después de cada lección. A veces, sin embargo, el alumno puede completar más de una lección y el entrenador entonces deberá combinar esas lecciones cuando se reúnan.

¿Qué se requiere del entrenador?
- Que camine cerca de Jesús.
- Que ya haya cursado el material de entrenamiento.
- Que tenga un espíritu dispuesto y servicial. El entrenador no tiene que ser un "maestro". El libro mismo, es el "maestro"— el entrenador simplemente le pide cuentas al alumno haciéndole preguntas y animándole mediante la oración juntos

Te recomiendo mi libro, *How to Be a Great Cell Group Coach* (Cómo ser un Gran Entrenador del Grupo Celular), para una comprensión adicional del proceso de entrenamiento o supervisión (este libro también se puede comprar en el sitio web JCG o llamando al 1-888-344 CELL). Los principios en *How to Be a Great Cell Group Coach* (Cómo ser un Gran Entrenador del Grupo Celular) son aplicables no sólo para entrenar o supervisar a líderes de célula sino también para entrenar o supervisar a alumnos. Recomiendo los siguientes principios:

Recibir de Dios. El entrenador o supervisor debe recibir la iluminación de parte de Jesús a través de la oración para que tenga algo de valor que dar al alumno.

Escuchar a la persona. El trabajo del entrenador es el de escuchar las respuestas del alumno. El entrenador también debe escuchar las alegrías del alumno, luchas y sus preocupaciones por las que ora.

Anima al alumno. A menudo, lo mejor que puede hacer el entrenador es señalar las áreas de fortaleza. Yo les digo a los entrenadores que sean unos fanáticos cuando se trate de dar ánimos. Todos estamos conscientes de nuestros fracasos y es suficiente la culpa que ya pesa sobre nosotros. Animar al alumno será algo que le ayudará a seguir adelante con cada lección. Comienza cada lección resaltando algo positivo sobre la persona o sobre lo que él o ella está haciendo.

Cuida a la persona. La persona puede estar luchando con algo que está por encima y más allá de la lección. El material de estudio podría poner al descubierto esa específica área problemática. Los mejores entrenadores están dispuestos a llegar a esas áreas de gran necesidad a través de la oración y el consejo. Y es cien por ciento aceptable que el entrenador simplemente diga: "Yo no tengo una respuesta para tu dilema en este momento, pero sé que alguien sí la tiene". El entrenador puede entonces acercarse a su propio(a) entrenador (a) para encontrar la respuesta y traerla de vuelta la próxima semana.

Desarrolla /forma a la persona. Esperemos que la persona ya haya leído la lección. El objetivo del entrenador es facilitar el proceso de aprendizaje mediante el uso de preguntas específicas acerca de la lección.

Usa **estrategias** con el alumno. El trabajo del entrenador es hacer que el alumno se responsabilice por completar la siguiente lección y / o terminar la actual. La principal función del entrenador es ayudar al alumno a mantener el ritmo y sacar el máximo provecho del material. **Desafía** a la persona. Algunos piensan que cuidar es bueno, pero desafiar es malo. La palabra cuida-desafía combina a las dos y es lo que promueve la Biblia. Confrontaremos si realmente nos importa. El Espíritu podría mostrarte áreas de la vida del alumno que deben estar bajo el señorío de Cristo. La mejor manera de abordar el tema es pidiendo permiso. Tú podrías decir: "Tom, ¿me das permiso para hablar contigo acerca de algo que estoy notando?" Después que la persona te ha dado permiso, puedes decir lo que el Señor está poniendo en tu corazón.

Primera Sesión

El Espíritu Santo guiará la sesión cuando el entrenador se reúna con el alumno. La creatividad y la flexibilidad deben reinar. Sin embargo, yo te recomiendo los siguientes principios:

Conoce a la persona

Una buena manera de empezar es utilizando preguntas rompe-hielo. Esto ayudará a que el grupo se abra.
• ¿Dónde vivías cuando tenías entre 7-12 años?
• ¿Cuántos hermanos y hermanas tenías?
• ¿Qué tipo de transporte utilizaba tu familia?
• ¿Hacia quién te sentías más cercano en esos años?

Después de la primera semana, el entrenador puede iniciar con una oración y simplemente preguntar acerca de la vida del alumno (por ejemplo, sobre la familia, el trabajo, los estudios, el crecimiento espiritual, etc.)

Se transparente

Puesto que tú ya completaste este material de entrenamiento, comparte tus experiencias con el alumno. La transparencia produce éxito. Los grandes entrenadores comparten tanto las victorias como las luchas.

"Preguntas de Entrenamiento" para Utilizar Cada Semana

Un gran entrenador hace muchas preguntas y escucha atentamente. El objetivo es que las respuestas salgan del alumno para que él o ella apliquen el material a la vida diaria. Las preguntas clave para utilizar cada vez son:

* ¿Qué fue lo que más te gustó de esta lección(es)?
* ¿Qué fue lo que menos te gusto de esta lección (es)?
* ¿Qué fue lo que no comprendiste?
* ¿Qué aprendiste acerca de Dios que no conocías antes?
* ¿Qué necesitas hacer personalmente respecto a esto?

El entrenador no tiene que hacer cada pregunta, pero es bueno seguir un patrón, para que el alumno sepa qué esperar cada semana.

El Patrón a Seguir Cada Semana

* Prepárate espiritualmente antes de dar inicio a la sesión.
* Lee anticipadamente la lección, recordando las ideas y pensamientos que tú tenías cuanto estudiaste este material.
* Da inicio a la sesión con una oración.
* Haz las preguntas de entrenamiento.
* Confía en el Espíritu Santo para que moldee al alumno.
* Termina con una oración.

¿Existen "Otros" Dones Espirituales?

¿Cuántos dones existen? La Biblia menciona al menos veinte dones en el Nuevo Testamento, pero algunas personas incluyen los dones del Antiguo Testamento, como la destreza. Los veinte dones del Nuevo Testamento se enumeran en tres importantes pasajes bíblicos: Efesios 4; Romanos 12 y 1 Corintios 12-14). Debido que Pablo fue el autor de los tres pasajes, repitió dones similares en los tres pasajes, pero también introdujo otros nuevos en diferentes pasajes. El siguiente cuadro es útil para entender dónde Pablo introduce nuevos dones y dónde repite los mismos:

Efesios 4:11	Romanos 12:6–8	1 Corintios 12:7–10	1 Corintios 12:28
Apóstoles Profetas Evangelistas Pastores Maestros	Profecía	Profecía	Apóstoles Profetas
	Enseñar Servicio Exhortación Dar Dirigir Misericordia		Maestros
		Palabra de Sabiduría Palabra de Conocimiento Fe Sanidades Milagros	Sanidades Milagros

(continued)

Efesios 4:11	Romanos 12:6–8	1 Corintios 12:7–10	1 Corintios 12:28
		Discernimiento de Espíritu Lenguas Interpretación de Lenguas	Lenguas Interpretación de Lenguas Ayudar Administración

El hecho de que Pablo introdujera nuevos dones en diferentes iglesias durante un período de tiempo en particular, ha hecho que muchos—como yo— lleguemos a la conclusión que Pablo estaba simplemente identificando determinados dones, no declarando que sólo existían ciertos dones.

En este libro, he decidido tomar la ruta segura y sólo cubrir esos veinte dones que se mencionan específicamente en el Nuevo Testamento. Sin embargo, yo creo en la verdadera posibilidad de que haya más dones, que no se mencionan específicamente en estos versículos sobre los dones o que no se menciona en la Biblia.

Quienes escriben sobre los dones del Espíritu tienen opiniones diferentes sobre el número de estos dones espirituales adicionales. Mis dos autores favoritos que hablan sobre los dones espirituales (Peter Wagner y Christian Schwarz) ambos se toman la libertad de añadir dones, tales como el celibato, la hospitalidad, las misiones, la oración, el exorcismo, la pobreza voluntaria, el martirio, la destreza, la creatividad artística y la música.

El número de dones que a una persona se le ocurran realmente depende de cómo esa persona define Charismata (carismas), y la amplitud de su interpretación. Mi punto de vista es que debemos permitir flexibilidad en la definición de los dones espirituales y permanecer abiertos para que el Espíritu Santo revele dones adicionales.

Otros Posibles Dones	Palabras Clave	Anhelo	Sirve
Celibato (1 Corintios 7:32–35)	Contentamiento al estar soltero	Servir con libertad	Permaneciendo soltero

Otros Posibles Dones	Palabras Clave	Anhelo	Sirve
Hospitalidad (1 Pedro 4:9)	Es Anfitrión para Dios	Abrir su casa	Siendo abierto
Misiones (1 Corintios 19–23)	Transcultural	Servir a grupos étnicos	Dejando su propia cultura
Oración Intercesora (Lucas 11:1–13)	Guerrero de Oración	Interceder	Orando
Exorcismo (Lucas 10:17–20)	Liberación de la maldad	Echar fuera demonios	Echando fuera demonios
Pobreza Voluntaria (Hechos 4:32–37)	Darlo todo	Identificarse con el pobre	Con un simple estilo de vida
Martirio (Hechos 7:54–60)	Mártir	Morir por Cristo	Muriendo
Destreza (Éxodos 30: 22–31)	Construir/Hacer	Construir cosas para Dios	Desarrollando proyectos
Creatividad Artística (Éxodos 31:1–11)	Creatividad	Crear arte para Dios	Creando arte
Música (1 Samuel 16:14–23)	Música	Adorar a Dios	Adorando

Libros

Hay muchos excelentes libros que hablan sobre los dones espirituales. Yo recomiendo los siguientes:

• El libro de Peter Wagner *Discover Your Spiritual Gifts(Descubre tus Dones Espirituales)* (Ventura, CA: Regal, 2005), pp.115. El libro de Wagner ha sido actualizado muchas veces, y sigue siendo un clásico.

• Christian Shwarz, *Three Colors of Ministry (Los Tres Colores del Ministerio)* (St. Charles, IL: Recursos ChurchSmart, 2001), p.157. Los libros de Shwarz son prácticos y completos.

• Bryan Carraway, *Spiritual Gifts (Dones Espirituales)* (Enumclaw, WA: Pleasant Word /Palabra Agradable/, 2005), p. 304. Este libro es tanto esclarecedor así como también es exhaustivo.

• Joel Comiskey, *The Spirit-filled Small Group(El Grupo Pequeño Lleno del Espíritu)* (Grand Rapids, MI: Chosen Books, 2005), p. 191.

Este libro está dirigido específicamente a la operación de los dones en el contexto del grupo pequeño.

- Craig S. Keener, *Gift and Giver: The Holy Spirit for Today* (Don y Dador: El Espíritu Santo para estos Tiempos)(Grand Rapids, MI: Baker Books, 2001), p. 224.

El descubrimiento del don espiritual es un aspecto tan importante del ministerio, que recomiendo encarecidamente toda la lectura que sea posible. Dado que cada parte del cuerpo de Cristo está formado por dones individuales, tenemos que prestar mucha atención a lo que es cada don.

Pruebas de Dones

Las pruebas de dones pueden ayudar a confirmar tu don espiritual. Algunas de las pruebas de dones, sin embargo, también suponen que el participante tiene una importante experiencia en el ministerio y que puede responder a preguntas que implican tener una valoración del mismo. Los que son nuevos en la fe a menudo no tienen ese trasfondo.

Tal vez las dos encuestas más populares sobre los dones son las de Peter Wagner y el Dr. Carbonell, y el análisis DISC. A continuación enumero algunos otros:

- La encuesta de C. Peter Wagner llamada *Finding Your Spiritual Gifts (Encontrando tus Dones Espirituales)* (Ventura, CA: Regal, 2005). SitioWeb: www.regalbooks.com

- La encuesta del Dr. Mel Carbonell que cuenta con un inventario de dones y la evaluación de personalidad DISC. Contactarlo al : 1-800-501-0490 o www.uniquelyyou.com (publicado por Excepcionalmente Tú Inc.).

- La encuesta de Alvin J. Vander Griend (desarrollada y publicada por la Iglesia Cristiana Reformada, Publicaciones CRC). Contactar al: 1-800-4-JUDSON.

- La encuesta de Paul Ford (publicada por ChurchSmart Resources /Recursos Iglesia Inteligente/). Contactar al: 1-800-253-4276.

- La encuesta de Christian Schwarz (publicada por ChurchSmart Resources/ Recursos Iglesia Inteligente/). Contactar al: 1-800-253-4276.

Sólo recuerda que más importante que las pruebas sobre los dones espirituales, es practicar tus dones y recibir la confirmación de otros en tu grupo pequeño o en la iglesia en general.

¿Otorga Dios Los Dones Permanentemente?

G ran parte del debate acerca de los dones espirituales gira en torno a si Dios da a los creyentes más o menos dones "permanentes" o si Dios da dones "temporales" a medida que surja la necesidad. La opinión de que Dios da dones permanentes se llama el punto de vista constitucional. El punto de vista situacional, por el contrario, enseña que los dones espirituales se dan de forma espontánea para satisfacer una necesidad en particular.

Punto de Vista Constitucional de los Dones

El punto de vista constitucional de los dones es el punto de vista "tradicional" que enseña que todos tenemos un don o dones específicos, y que tenemos que descubrir esos dones. Puesto que los dones de Dios se mantienen permanentemente en el creyente, la tarea de cada cristiano es descubrir y utilizar cada uno de los dones que Dios le dio.

Diversos autores e investigadores han dedicado su vida a ayudar a los creyentes a descubrir qué dones en particular ya poseen. A través de encuestas de dones espirituales, se anima a los creyentes a descubrir los dones exactos que han recibido.

Estoy de acuerdo en gran medida con este punto de vista. Sí parece que Dios nos ha dado al menos un don de gracia (1 Pedro 4:10) y los creyentes son exhortados a utilizar su específico don de gracia (Romanos 12: 4). La analogía del cuerpo humano con sus diferentes partes se utiliza a menudo en las Escrituras para destacar la diversidad de dones. Puesto que las partes del cuerpo son permanentes, parece que los dones tienen una característica similar. Dios nos ha dado dones del Espíritu específicos y luego nos llama a usar esos dones

Punto de Vista Situacional de los Dones

De acuerdo al punto de vista situacional de los dones del Espíritu, Dios no da a nadie un determinado don. Más bien, Dios simplemente distribuye los dones del Espíritu de acuerdo a las necesidades que existen. Por ejemplo, si alguien necesita ser sanado, Dios puede decidir en ese momento repartirle a alguien el don de sanidad a fin de que ore por sanidad. De acuerdo con este punto de vista, todos los dones residen con el Creador, y él decide cuándo un don en particular se debe entregar para el bien de su iglesia. 1 Corintios 14: 1 dice: "Empéñense en seguir el amor y ambicionen los dones espirituales, sobre todo el de profecía". Este versículo parece indicar que Dios quiere que nosotros deseemos los dones espirituales, incluso más allá de los recibidos con el nuevo nacimiento.

También me gusta este punto de vista, porque hay una tendencia a pensar: "este es mi don" en lugar de: este es el don del Espíritu que él me ha dado para bendecir al cuerpo de Cristo.

La tendencia para los que viven en sociedades individualistas, occidentales, consiste en interpretar los pasajes de dones en relación con los individuos. Sin embargo, el Espíritu está principalmente interesado en el grupo—en contraste con el individuo— y dota de charismata (carismas) a la Iglesia. La razón por la que se les da a los individuos gracia gratuita en forma de dones es para bendecir y edificar a la iglesia de Cristo

El punto de vista situacional de los dones crea una mayor expectativa por que el Espíritu Santo obre en nuevas y emocionantes maneras—en vez de, por ejemplo, esperar a que Harry que tiene el don de lenguas y siempre ejercita su don a las 10:15 AM el domingo por la mañana, lo haga. El punto de vista situacional también libera a los creyentes de operar sólo con uno o dos dones y de no esperar ser utilizado con ningún otro.

Punto de Vista Combinado

El punto de vista combinado dice que Dios le ha dado a cada uno de los creyentes nacidos de nuevo por lo menos uno o más dones. Y en este sentido, tenemos que descubrir lo que él ha depositado en nosotros. Aunque, en el punto de vista combinado también se considera que Dios es el dador de los dones, y que él se reserva el derecho de depositar cualquier don en nuestras vidas, en cualquier momento; también tenemos que estar expectantes de que Dios obre en nuestras vidas en todo momento.

Personalmente, creo que cada creyente tiene uno o más dones permanentes. Sin embargo, también creo que Dios quiere que seamos abiertos a recibir nuevos dones en cualquier momento, según la situación lo requiera. A Dios le encanta hacer cosas nuevas y sorprendentes en nosotros.

Está Expectante del Mover de Dios

Las Escrituras exhortan al creyente a desear los dones espirituales (1 Corintios 14: 1). Pablo incluso infirió que era aceptable desear ciertos dones por encima de otros (como la profecía más que las lenguas).El tema del deseo nos da la idea de una expectativa. El creyente no sólo debe desear los dones espirituales, sino también debe estar expectante de que Dios manifieste esos dones. Porque está claro en las Escrituras que el Espíritu Santo quiere que esto se lleve a cabo en su iglesia, el siguiente paso es esperar que él lo haga.

Una vez hablé con un grupo de pastores acerca de los dones del Espíritu. Algunos estaban practicando activamente todos los dones espirituales, mientras que otros estaban muy cautelosos debido a experiencias pasadas. A pesar de sus diferencias, la única cosa con la que todos estaban de acuerdo fue con la necesidad de esperar que Dios obrara. La participación activa de los dones espirituales crea una expectativa de que Dios está obrando. Desafortunadamente, la expectativa es una pieza que falta en muchos grupos pequeños e iglesias. Hace mucho tiempo que los cansados líderes se dieron por vencidos esperando que Dios obre.

En *El Mensaje*, Eugene Peterson interpreta Efesios 3: 20-21 de esta manera: "¡Dios puede hacer cualquier cosa—mucho más de lo que te puedas imaginar o adivinar o pedir en tus sueños más salvajes! Lo hace pero no empujándonos sino trabajando dentro de nosotros, profunda y gentilmente con su Espíritu dentro de nosotros".

Hoy necesitamos la dirección divina de Dios más que nunca. Ahora es el momento en que necesitamos que los dones del Espíritu fluyan a través de nosotros de una manera poderosa. Espera grandes cosas de Dios y luego intenta hacer grandes cosas para Dios. En cuanto des el primer paso para ver las grandes obras que Dios ha hecho, él te mostrará aún mayores obras de las que te puedas imaginar.

www.ingramcontent.com/pod-product-compliance
Lightning Source LLC
Chambersburg PA
CBHW061153040426
42445CB00013B/1673